M. Jäger

Glaube für Anfänger

Und solche, die gar nicht erst
damit anfangen möchten.

Christliche Literatur-Verbreitung e.V.
Ravensberger Bleiche 6 · 33649 Bielefeld

1. Auflage 2021
2. Auflage 2021
3. Auflage 2021

© 2021 by CLV · Christliche Literatur-Verbreitung
Ravensberger Bleiche 6 · 33649 Bielefeld
Internet: www.clv.de

Umschlag: Lucian Binder, Marienheide
Satz: EDV- und Typoservice Dörwald, Steinhagen
Druck und Bindung: CPI books GmbH, Leck

Artikel-Nr. 256418
ISBN 978-3-86699-418-8

*Meinen vier Geschwistern,
die ich sehr lieb habe.*

Inhalt

Vorneweg		9
I.	Der Ungenannte	11
II.	Totschlagargument	18
III.	Warum Gott nicht mitspielen darf	27
IV.	Suchbild mit Gott	29
V.	Auch Gott ist ein Suchender	41
VI.	Es gibt ihn, es gibt ihn nicht …	43
VII.	Ist da jemand?	55
VIII.	Die Gottesvisite	59
IX.	Faktencheck	63
X.	Der Mann namens Jesus	75
XI.	Wie ein Reizwort zum Schlüssel wird	107
XII.	Angebot mit Nutzen	121
XIII.	Deine himmlische Einladung	129
Dank		144
Gottes Wort zum Nachlesen		145

Vorneweg

Wir sind Kinder einer Großfamilie. Bei uns war alles groß: das Auto, der durchschnittliche Dezibel-Pegel und der Anteil der Wochenration an Lebensmitteln aus dem Sonderangebot. Groß war auch die Liebe, die mich mit euch verband. Das ist sie immer noch. Aus manchen Dingen wächst man einfach nicht raus, auch wenn sich vieles verändert und es Lebensphasen gibt, die einen an genau dieser Liebe zweifeln lassen.

Ich besetzte den gemütlichen Platz in der Mitte. Vor mir die große Schwester zum Aufschauen, eine weitere zum Prügeln und Pferdestehlen, hinter mir ein Bandengefährte für Wald- und Wiesenabenteuer und ein goldgelocktes Nesthäkchen zum Abküssen. Über allem Eltern mit starken Nerven und der natürlichen Begabung, den ganz normalen Katastrophen des Lebens würdevoll zu begegnen. Wie in jeder Familie ist jeder von uns in einer anderen Welt aufgewachsen – meine war wundervoll.

Ich bin seit jeher ein Herdentier. Zwei Schafe vor mir, zwei hinter mir und einige rundherum ergeben meine Wohlfühlzone. In meiner Kindheit wart ihr meine Wohlfühlzone. Das Herdentiersyndrom bringt

Gutes und Schlechtes hervor. Das Gute ist: Man ist nie allein. Das Schlechte: Man hält es nicht aus, allein zu sein. Alles muss geteilt werden, vor allem das Schöne. So wie damals, als der Kasperl im Fernsehen lief. Da war mein Seelenfrieden erst hergestellt, wenn ihr euch alle vollzählig auf der walrossartigen Sitzgarnitur zusammengedrängt hattet und wir in kollektiver Aufregung den neuesten Schachzug von Kasperl verfolgen konnten.

Wenn man ein Kind ist, ist das Leben einfach – zumindest im Rückblick. Man ruft einfach: »Kommt und verpasst das Beste nicht!« Als Erwachsener verliert man diese Leichtigkeit, Ängste bremsen aus. Dabei möchte ich euch auch heute in größter Aufregung zusammentrommeln, um eine Freude mit euch zu teilen, die größer ist als alle Episoden von Kasperl zusammengenommen. Die Botschaft lautet: Es gibt einen Gott und der ist auch die Lösung für dich. Doch so etwas ruft man nicht einfach so. »Freuen wir uns gemeinsam über den Kasperl« schon, »freut euch mit mir über Gott« nicht. Das könnte die gute Stimmung gefährden. Doch wenn das innerliche Rufen über Jahre hinweg nicht verstummt, bahnt es sich einen Weg nach außen. Dieses Buch ist der Beweis. Ich widme es euch, denn ohne euch hätte ich auch nicht eine dieser Zeilen geschrieben.

Eure Schwester Maria

I. Der Ungenannte

Vorurteile und
kommunikative Hürden

In unserer Familie haben wir immer viel besprochen. Am liebsten und ausgiebigsten die Wechselfälle des Lebens. Dabei prägt jede Familie ihr eigenes Mantra – in unserer ist es wohl so etwas Ähnliches wie: »Es wird schon werden.« Mit etwas Geduld, etwas Nachsicht, etwas finanzieller Unterstützung geht es aufwärts. Und wenn das nicht hilft, kommen die Dinge mit Nachhilfeunterricht, Psychopharmaka (leichte Dosis) oder einer Zahnregulierung wieder in Ordnung. Vorübergehend, versteht sich. Auch wenn der Weg nicht klar ist, am Ende gibt es ein Happy End. Umwege sind erlaubt, Aufgeben ist keine Alternative. Ich finde, es gibt schlechtere Mantras.

Neben den Themen, die bei Tisch zelebriert werden, gab es natürlich auch solche, die fehlten. Gott wäre so ein Fall. Und was er mit jedem Einzelnen von uns zu tun hat. Dabei geht es nicht um das, was man durch die kindliche Sozialisation über ihn weiß, sondern um das, was man noch *nicht* über ihn weiß. Und wieso man an seinem Nichtwissen nichts ändern will. Und warum dieses Thema Unbehagen auslöst.

Wir sind in einem Elternhaus groß geworden, in dem christliche Werte gelebt werden. Davon haben alle profitiert und tun es immer noch. Aber die Frage ist, was hängen bleibt, was zum eigenen Fundament und Boden wird. Profitieren ist keine Überzeugung, auf der man sein Leben baut. Wenn die Stürme des Lebens kommen, kann man sich nur an einer Hand festhalten, die man bereits ergriffen hat. Und da ist die Bilanz größtenteils negativ. Noch. Vielleicht richtet es sich. Umwege sind erlaubt, Aufgeben ist keine Alternative. Dafür ist das Thema zu groß, die Sache zu dringlich, die Konsequenzen zu weitreichend.

Warum nicht Gott aus dem Nebel der Normen holen, die das Sprechen über ihn unangebracht und peinlich machen? Im echten Leben ist er, über den man nicht spricht, nämlich der Gute. Der Lebensspender, der Lichtbringer, der, der die Lösung hat. Seltsam, dass man sich nicht über ihn unterhalten kann, ohne eine Reihe kollektiver Tabus zu brechen, die niemals offen gelehrt werden. Die irgendwie tagtäglich in tausend kleinen Botschaften mittransportiert werden, die allesamt besagen, dass Religion nichts anderes ist als der Schatten, den das Universum auf die menschliche Intelligenz wirft (Victor Hugo). Dass Gott nicht existent, nicht zeitgemäß oder tot ist. Dass unverbesserliche Religiöse, die die Evolution noch nicht ausgerottet hat, immer noch mit dem alten Märchenbuch antanzen. Wer darauf reinfällt, der hüte sich vor der Kollekte.

Es gibt wohl eine Reihe von Gründen, warum sich ein Klima der Religionsskepsis entwickelt hat. Viele davon sind verständlich und nachvollziehbar. Fehler der Kirchen in der Vergangenheit sind ein Argument, Fehler der Kirchen in der Gegenwart ein anderes. Abscheuliche Gewalt im Namen eines rachsüchtigen Gottes zahlt auch nicht auf das Beliebtheitskonto von Religion ein. Dazu Namenschristen, die heucheln, aufrichtige Christen, die auch keine Übermenschen sind, eine Wissenschaft, die Gott aus der Gleichung wegrationalisiert hat und ihn nicht einmal als Hypothese zulässt.

Im Verlauf weniger Generationen haben wir uns als Gesellschaft den Inhalten der christlichen Lehre entfremdet. Wurde im Absolutismus das Glaubenssystem noch von oben verordnet, schlug nach der Trennung von Thron und Altar das Pendel auf der anderen Seite aus – heute leben wir in einer säkularisierten Gesellschaft, in der Religion eher verdächtig ist. Ein privates Hobby für Konservative oder Leute mit schlechtem Gewissen, oder vielleicht eine Krücke für die, die es sonst nicht schaffen. Was von der ursprünglichen christlichen Botschaft hängen geblieben ist, ist zu wenig, um ihre Strahlkraft zu entfalten. Viele Menschen glauben die christliche Botschaft zu kennen, ohne auch nur im Geringsten den Lack angekratzt zu haben. Was bleibt, ist ein oberflächliches Wissen, das keinen kratzt. Die Welt hat Interessanteres zu bieten.

Bei bedeutenden Lebensereignissen darf es noch dezent christlich zugehen. Da bucht man den Priester als Zeremonienmeister und erteilt ihm die Erlaubnis, einen würdevollen Rahmen zu schaffen. Idealerweise soll er nicht zu fromm und salbungsvoll tun, sondern einfach das Leben allgemein feiern. Gute Stimmung ist erlaubt, aber hinterher gilt: Schweigen ist Gold.

Am ehesten erinnert man sich an einem offenen Grab daran, dass der christliche Glaube irgendetwas mit Hoffnung zu tun hat. Mit einem Leben, das über dieses hinausgeht. Mit einer Gerechtigkeit, die einem auf dieser Seite des Universums niemals vollends widerfährt. Mit einem Ort der Ruhe und des Friedens. Da keimt ein wenig Hoffnung auf ein Wiedersehen und ein Ende wie im Märchen auf. Und sie lebten glücklich und aßen Rebhühner. Wie schön wäre das.

Ich verstehe all die Gründe, warum Gott in so vielen Familien kein Thema ist. Ich kenne die Normen und weiß um die Peinlichkeit – immerhin saß ich selbst unter den fröhlichen Spöttern. Religion ist nicht zeitgemäß. Aber in all dem gibt es doch eine Überraschung: Der Gott der Bibel ist gar keine Religion, sondern eine Person; christlicher Glaube ist kein Durchführen von Riten, sondern eine lebendige Beziehung mit dem Schöpfer aller Dinge.

An irgendeinem Zeitpunkt der Geschichte setzte eine Entwicklung ein, die dem Kern der christlichen Botschaft den Boden wegspülte. In unseren Breiten wird die Lehre des mittellosen antiken Wanderpredigers in millionenschweren Prunkbauten verkündet. Die Einladung von Jesus zu einem radikalen Leben wird von gewaltigen Kunstschätzen und einer überbordenden Liturgie überlagert. Das befreiende Evangelium mutierte zum kleinen Akt in einem großen Schauspiel, das sich verselbstständigt hat.

Jesus hatte nicht einmal ein Haus, um sich ein Bild aufzuhängen, aber er nahm sich genug Zeit, um den suchenden Herzen die ewigen Dinge mit einfachen Bildern zu erklären. Er machte Hungrige satt, Kranke gesund und stillte den inneren Durst nach Sinn. Er zeigte, was man loswerden muss, damit das Leben gelingt, versprach Frieden mit Gott und ein ewiges Zuhause. So einfach war das – und so einfach ist es immer noch.

Weihrauch und prunkvolle Gebäude erreichen immer weniger Menschen, weil unsere Generation sich weiter von althergebrachten Traditionen entfernt hat als jede vor ihr. Aber ist diese Generation nicht in guter Gesellschaft? Braucht ein Gott, den Himmel und Erde nicht fassen können, Prunk und Inszenierung? Braucht er nicht vielmehr eines: eine offene Tür zu deinem Herzen, sodass er sich dir vorstellen kann? Gott sucht Menschen, die sich in sein Licht holen und retten lassen. Die ihn ganz praktisch erleben und seine Liebe weitergeben wollen.

Als Erfinder des Lebens weiß Gott, wie das Leben am besten gelingt. In Beziehungen, in der Erziehung, in der Familie, im Beruf. Gott ist aber nicht nur Experte für das Leben hier, sondern er ist auch der Fachmann für das ewige Leben. Er nimmt dem Tod den Schrecken und schenkt eine Ruhe, die den Achterbahnen des Lebens trotzt.

Was, wenn Gott reell ist und lebendiger als ein Fisch im Wasser? Was, wenn er der Erfinder alles Lebens ist und sich auch dich ausgedacht hat? Was, wenn er dein Leben mit all deinen Herausforderungen aufs Genaueste kennt und die Schlüssel für dein Glück in den Händen hält? Wenn er die letzte Autorität über Leben und Tod hat und es einen Unterschied macht, ob du nach ihm fragst oder nicht? Es könnte ja sein, dass dir das Wesentlichste entgeht, weil du (wie so viele) mit dir selbst beschäftigt bist und Gott mit dem nicht näher geprüften Urteil »nicht existent, nicht relevant« in eine Schublade schiebst. Ich bitte dich darum, den Inhalt der Gottes-Schublade zu prüfen, ehe du sie schließt – weil es Auswirkungen hat.

In den nachfolgenden Kapiteln möchte ich dich dazu motivieren, ein wenig in der Gottes-Schublade zu kramen. Dir tiefere Gedanken zu machen. Ich bin davon überzeugt, dass von allen Aufgaben, die uns das Leben stellt, diese die bedeutendste (und nicht am schwersten zu knackende) ist. Bevor wir damit beginnen, gilt es einige Bremsklötze und Totschlagargumente auszuräumen. Packen wir das erste an der Wurzel.

II. Totschlagargument

Relativ (egal) –
jeder ist seiner Wahrheit Schmied

Wenn es einen Glaubensgrundsatz gibt, den wir kollektiv übernommen haben, ohne darüber nachzudenken, dann ist es folgender: »Jeder muss selbst entscheiden, was für ihn wahr ist.« Das Totschlagargument heißt Relativismus und ist die Essenz unseres Zeitgeists. Das Prinzip, dass es keinen allgemeingültigen Standpunkt gibt, durchdringt alles und wird auf den Haarschnitt ebenso angewandt wie auf die Frage nach der universalen Wahrheit. Letztendlich muss jeder selbst abwägen, was für ihn richtig, wahr und gut ist. Diese Grundeinstellung ist für unsere Zeit so elementar, dass wir sie gar nicht hinterfragen. Dabei vergessen wir etwas Entscheidendes.

Nicht alles ist relativ.

Es gibt Dinge, die sich dem Relativismus entziehen. Es kann nicht jeder für sich selbst entscheiden, ob Sauerstoff für ihn persönlich relevant ist oder nicht. Die Lungen fordern ihn absolut ein – unabhängig von der individuellen Einschätzung.

Der Körper verlangt Nahrung, ein Säugling unumschränkte Versorgung, das Gehirn Ruhephasen im Schlaf. All das ist absolut – ebenso wie die Naturgesetze. Die Schwerkraft kann nicht einen Tag eine Pause einlegen, weil sie befindet, dass sie es sich verdient hat.

Natürlich gibt es viele Dinge, die man selbst bestimmen muss. Studium oder Lehre. Rasta-Locken oder Mittelscheitel. Aber es gibt Fakten, mit denen wir uns arrangieren müssen, egal ob sie uns gefallen oder nicht. Gott fällt in diese Kategorie.

Wenn es tatsächlich den einen wahren Gott gibt und er nur einen einzigen Weg zu sich gebahnt hat, dann ist dieser Weg absolut – ein Naturgesetz, wenn man so will. Die Aussage »das stimmt für dich, aber nicht für mich« ist logisch falsch. Entweder gilt der Weg für alle, weil ein Schöpfergott nun mal den Rahmen für alle Geschöpfe absteckt, oder er gilt für keinen, weil er falsch ist. Der Relativismus wäre in der Gottesfrage nur dann richtig, wenn der eine, wahre Gott nicht existiert und wir von Gott im Sinn von Götzen sprechen. Also Gebilden, die unserer Fantasie entspringen, Figuren, Gottheiten oder Lichtgestalten, denen man göttliche Eigenschaften zuschreibt. Sie funktionieren wie ein Glücksbringer oder wie ein Placebo. Entscheidend ist nicht, ob sie tatsächlich existieren, wichtig ist, dass der Glaube an sie hilft – ob sie eine reine Wunschvorstellung sind, spielt dabei eine untergeordnete Rolle. Solange die Überzeugung hilft, das Leben zu bewältigen, ist sie legitim. Ihr grundlegender Charakter ist relativ: Für den einen funktioniert sie, für den anderen nicht. Wenn man vom Götzenbegriff ausgeht, ist Relativismus richtig. Wenn man von Gott dem Schöpfer ausgeht, ist er falsch.

Die Götzenverehrung ist beinahe so alt wie der Glaube an einen lebendigen Gott. Als der Apostel Paulus sich im antiken Athen aufhielt, begegnete sie ihm allerorts in Form von Statuen, Bildnissen und Altären. Von den Athenern bezüglich seines Gottglaubens zur Rede gestellt, erklärte er ihnen den Unterschied:

Männer von Athen, ich sehe, dass ihr in jeder Beziehung den Göttern sehr ergeben seid. Denn als ich umherging und die Gegenstände eurer Verehrung betrachtete, fand ich auch einen Altar, an dem die Aufschrift war: Dem unbekannten Gott. Was ihr nun, ohne es zu kennen, verehrt, das verkündige ich euch. Der Gott, der die Welt und alles darin gemacht hat, dieser, der der Herr des Himmels und der Erde ist, wohnt nicht in Tempeln, die mit Händen gemacht sind, noch wird er von Menschenhänden bedient, als ob er noch etwas nötig habe, da er selbst allen Leben

*und Odem und alles gibt. Und er hat aus einem Blut
jede Nation der Menschen gemacht, damit sie
auf dem ganzen Erdboden wohnen, und hat
festgesetzte Zeiten und die Grenzen ihrer Wohnung
bestimmt, damit sie Gott suchen, ob sie ihn wohl
ertasten und finden möchten, obgleich er nicht fern ist
von einem jeden von uns.*[1]

Der Apostel Paulus zeigt in seiner Ansprache den
Bewohnern von Athen den Unterschied zwischen
Götzen und Gott. Während Menschen die Götzen
gebildet haben, hat Gott den Menschen gebildet.

Mir scheint, dass Menschen oft das Götzenkonzept im Kopf haben, wenn sie »Gott« hören. »Schön,
wenn dir dein Glaube hilft«, heißt es dann. »Dein
Glaube« ließe sich beliebig ersetzen durch »dein
Meditieren«, »dein Chor«, oder »dein Basenfasten«.

Jeder darf sich Gott so denken, wie er möchte,
und solange es für jemanden funktioniert (und ich
damit in Ruhe gelassen werde), ist es gut. Gleichzeitig gilt folgender Grundsatz: »Was für dich funktioniert, muss nicht für mich funktionieren.« Das ist
jedoch ein Totschlagargument gegen einen Schöpfergott, der alle Fäden in der Hand hält, der das
Alpha und das Omega ist, der Anfang und das Ende.

---

1   Neues Testament: Apostelgeschichte, Kapitel 17, Verse 22-27.

Ein Gott, der nicht der Fantasie des Menschen entsprungen ist, sondern unabhängig davon existiert und handelt, ist immer relevant und lässt sich auch nicht totschlagen.

Wenn es einen solchen Gott gibt, dann geht er alle etwas an. Dann hat seine Existenz in jedem Fall eine Konsequenz für dich. Und zwar eine, die sich dem Relativismus und deinem persönlichen Urteil entzieht. Konkret würde das bedeuten, dass Gottes Plan so sicher wie das Gravitationsgesetz eintritt und genauso unumstößlich für jeden gilt. Ein solcher Gott ist daher nicht für einen Menschen wie mich gut und für einen anderen Menschen nicht (weil er sich beim Yoga ohnehin so gut entspannt), ein solcher Gott betrifft alle. Und wenn es diesem Gott gefallen würde, einen Weg zu sich zu bahnen, dann wäre ebendieser Weg die Brücke zu ihm. Paulus machte die Menschen in Athen darauf aufmerksam, dass Gott möchte, dass wir nach ihm suchen, und dass er keinem von uns fern ist. Er ist auch nicht fern von dir.

Wenn es einen Schöpfergott gibt und eine Begegnung früher oder später vorprogrammiert ist, ist das absolut. Das zu ignorieren, würde daran genauso wenig ändern, wie zu verdrängen, dass der Urlaub einmal zu Ende geht. Der Tag, an dem du deinem Chef, beziehungsweise im Gottesfall deinem

Schöpfer, entgegentreten musst, ist irgendwann das Heute. Genau genommen steuerst du jetzt auf diese Begegnung zu. Vielleicht hilft dir folgendes Bild:

Stell dir ein überdimensionales Fließband vor, auf dem du tagein, tagaus lebst. Solange du dich darauf befindest, richtet sich dein Blick gegen die Fahrtrichtung. Du siehst Jahreszeiten kommen und gehen, dazu Menschen, Feste, Freuden, Herausforderungen und Pflichten. Du versinkst in all den Dingen des Alltags, und dennoch zieht dich das Fließband weiter und bringt dich dem Ende näher. Unaufhaltsam, du kannst nichts daran ändern. Zuletzt kommt das Fließband zum Stillstand – alles, was vorher war, verwandelt sich in kleine Punkte einer fernen Welt. Du landest in einer neuen Realität, der du dich stellen musst: Gottes Realität und seinem Urteil über dich.

Und kein Geschöpf ist vor ihm unsichtbar, sondern alles ist bloß und aufgedeckt vor den Augen dessen, mit dem wir es zu tun haben.[2]

Die Bibel nennt den ersten Ort der Begegnung das Gericht. Gott hat einen Tag festgesetzt, an dem er den Erdkreis richten wird.[3] Ein Gericht bedeutet,

---

2 Neues Testament: Brief an die Hebräer, Kapitel 4, Vers 13.
3 Vgl. Neues Testament: Apostelgeschichte, Kapitel 17, Vers 31.

dass man Rechenschaft ablegen muss und dass ein Richterspruch und ein Urteil folgen – das klingt sehr unbequem, und ich bin mir sicher, dass dir der Gedanke so angenehm ist wie ein entzündeter Zahnnerv. Spätestens hier macht es gemäß der Lehre von Jesus einen Unterschied, ob du in den Jahren, die dir auf deinem Platz am Fließband gegeben wurden, nach ihm gefragt hast oder nicht. Ob du aufgestanden bist, dich bewusst umgedreht hast und dir die Frage gestellt hast: Wohin führt mich meine Lebensreise? Auch wenn das bisher nicht auf deinem Radar war, solltest du darüber nachdenken: Worum geht es in diesem Leben aus einer ewigen Perspektive?

Wahrscheinlich ist dir jetzt noch nicht klar, warum das Nach-ihm-Fragen von Bedeutung ist. Das sollte sich im Verlauf dieses Buches ändern. So viel sei vorausgeschickt: Es geht in der Frage nach Gott nicht um dessen Eitelkeit (sie hat nicht nach mir gefragt, ich bin beleidigt!), sondern um deinen Freispruch im Gericht am Fließbandende. Gottes Arme quellen über von Freibriefen, die sich niemand abholt, weil er oder sie zu sehr damit beschäftigt ist, sich im jeweiligen Fließbandabschnitt häuslich einzurichten. Gott eine Existenz zuzugestehen und geschäftig ohne ihn zu leben, ist aus Gottes Sicht zu wenig. Gefragt ist eine persönliche Begegnung mit ihm. Wenn jemand ein Geschenk für dich bereithält, welches du niemals abholst, dann bleiben deine Hände leer.

Ich habe an einem Punkt in meinem Leben festgestellt, dass ich Gottes Angebot kennenlernen und mir einen handsignierten Freibrief, sozusagen ein Ticket für eine gemeinsame Ewigkeit abholen kann. Das Landen am Ende des Fließbandes kann der schönste Augenblick des Lebens sein – und der Beginn eines viel Besseren. Der Ticketschalter ist 24/7 geöffnet – solange du lebst. Hinter dem Schalter sitzt Gott persönlich und freut sich über alle, die ihn bittend aufsuchen. Mit deinem letzten Atemzug schließt der Ticketschalter jedoch für immer. Dann steht fest, wo dein Platz sein wird. Bei Gott oder getrennt von ihm. Hier greift kein Relativismus. Wenn es in dieser Frage eine Wahrheit gibt, ist sie absolut.

Weil das eine große und ernste Angelegenheit ist, habe ich seit Jahren überlegt, wie ich dir erklären kann, was auf dem Spiel steht. Wie ich Tabus durchbrechen und Steine wegräumen kann, die dich daran hindern, dir die Gottesfrage zu stellen. Nicht nur oberflächlich, sondern gründlich. Weil sich das nicht in einer Viertelstunde abhandeln lässt, hoffe ich, dass dich dieses Buch dazu anregt, diesen Fragen nachzugehen. Wie du bereits bemerkt hast, meine ich den Gott der Bibel, wenn ich von Gott spreche. Mir ist klar, dass es für dich eines großen Sprunges bedarf, um nachvollziehen zu können, weshalb gerade er dieser eine, wahre Schöpfergott sein soll. Ich hoffe sehr, dass die Überlegungen und Argumente, die mich dazu führten, mein Vertrauen auf ihn zu setzen, auch dir dabei helfen, über Desinteresse, Vorurteile und Hindernisse zu springen – um direkt in Gottes Armen zu landen.

Ob du am Ende zustimmst oder nicht, liegt an dir. Zugegeben: Mit diesem Thema bringe ich dir kein Wellnessprogramm, aber das Ergebnis ist viel besser. Die Frage nach Gott ist außerdem keine Sackgasse. Gott lässt dir deinen freien Willen. Bei Gott gibt es keinen Zwang, Liebe ist freiwillig. Gott respektiert deine Entscheidung, auch wenn sie gegen seinen tiefsten Wunsch gerichtet ist, die Zeit und Ewigkeit mit dir zu verbringen. Es steht dir frei, am Ende zu sagen: Nein danke, ohne mich.

III. Warum Gott
nicht mitspielen darf

Wenn du denkst, dass du Gott nicht brauchst, dann könnte das daran liegen: Gott spielt in unserem täglichen Leben keine Rolle, weil er nicht sichtbar Teil unserer Erfahrung ist. Als Kind entdeckt man die Welt. Zuerst sind die Eltern und Geschwister zentral, sukzessive erweitert sich das kleine Universum und wächst über die Ursprungsfamilie hinaus. Zuerst in die Nachbarschaft, dann in die Schule und in den Sportverein und schließlich in die weite Welt, in der wir auf Menschen treffen, die unseren Horizont erweitern. Sie alle sind Teil unseres Lebens. Ist dir etwas aufgefallen? Es ist niemand dabei, der Gott heißt. Auf den ersten Blick. Denn was man in dem ganzen Potpourri des Lebens nicht bedenkt, ist, dass Gott die Fäden in der Hand hält.

Das beginnt bei der Grundausstattung. Wer gab dir deine Talente und steckte deine Grenzen ab? Wer gab den Impuls für deinen ersten Herzschlag und bestimmt die Summe aller, die noch kommen werden? Wer sorgt dafür, dass dein Körper vollautomatisch abläuft, und besitzt die Macht über jedes einzelne Atom? Wer lässt die Sonne jeden Tag neu aufgehen? Wer ist der Ursprung all dessen, was dich fasziniert, dich aufbaut und freut? Die Antwort ist immer dieselbe: Gott. Du und ich, wir haben unser Leben nicht in der Hand.

Wir können viele Pläne schmieden und viel erreichen, aber letztendlich sind wir ein kleines Boot, das versucht, auf hoher See Kurs zu halten. Eine ungeplante Änderung und wir bemerken, dass wir die Kontrolle über das Steuerrad verloren haben.

Soll nun der Mensch nach Gott fragen, weil er keine Macht über sein Leben hat? Soll er sich deshalb zu einer Gottes-Krücke flüchten, weil er mit seiner Begrenztheit nicht fertig wird, oder weil die Evolutionstheorie uns weder Sinn noch bleibenden Wert gibt? Nein. Gott soll immer um seiner selbst gewählt werden. Nicht als Notlösung, sondern als bester Deal aller Zeiten. Nach einer gründlichen Kennenlernphase, versteht sich, die ich mit diesem Buch anbahnen möchte.

Wie zahlt es sich aus, den Alltagsfirlefanz beiseitezuschieben und den Gott, der auch den Namen »Ich bin« trägt, zu fragen: Bist du wirklich da? Wie bist du? Was hast du mit mir und mit deinem Planeten vor? Hast du ein Angebot für mich, für das ich – ohne es zu wissen – eine Nachfrage habe? Diese Frage ist das Rubbellos, hinter dem der Hauptgewinn steckt.

IV. Suchbild mit Gott

In unserem Land haben wir alles im Überfluss. Trotzdem sind wir Suchende und jagen nach dem Lebensglück. Das zeigt die Ratgeberliteratur, die ungebrochen Hochkonjunktur feiert, das beweisen die Therapeuten und Lebensberater, die an jeder Straßenecke ihre Hilfe anbieten. Während weniger privilegierte Menschen in das Paradies Europa drängen, haben die hier Sesshaften das Glück auch nicht gepachtet. Eine Heimat in der Speckschwarte mit Bleiberecht ist eben nicht alles.

Ist diese Ruhelosigkeit ein Indikator, dass auch unsere Seele eine Heimat braucht? Offenbar ist der Mensch nicht so gestrickt, dass er mit dem, was er aus einem Menschenleben pressen kann, genug hat. Das Auge wird vom Schauen nicht satt, das Ohr nicht vom Hören. In dem Überfluss fehlt jemand oder etwas, der oder das den Lebenshunger stillt. Gibt es ein fehlendes Puzzleteil für jede Existenz, oder ist der Mensch dazu verdammt, nach einem goldenen Einhorn zu jagen, das nicht existiert? Ich bin der Überzeugung, dass eine Geschenkbox mit einer satt machenden Überraschung für uns bereitsteht. Eine, die Ruhe bringt, dieses Leben erklärt und auf ein neues Fundament stellt. Eine, die unseren inneren Hunger stillt – und zwar für immer.

Alte Suche in neuen Häfen

Die Suche nach der Heimat für die Seele ist nicht neu. Der Mensch ahnt schon seit jeher, dass es mehr gibt als das Sichtbare – die Quelle der Religion ist gemäß dem Schweizer Schriftsteller Jakob Boßhart die Ahnung. Der Mensch wittert einen größeren Sinnzusammenhang und sucht auch dann nach Antworten, wenn es ihm verboten ist. Religionsfeindliche Systeme wie der Kommunismus konnten die Sehnsucht nach dem Übersinnlichen nicht ausrotten. Auch wenn in unserer Kultur das Christentum schnell schrumpft – die Suche nach Sinn ist ungebrochen. Die neuen Seelsorger haben lediglich neue Namen. Sie heißen Schamanen, Energetiker, Heiler, Lichtmeister – und wenn sie auch nicht die Seele zur Ruhe bringen können, so verdienen sie jedenfalls nicht schlecht dabei. Der Umsatz der Esoterik-Branche wurde in Deutschland bereits 2010 auf 18 – 20 Milliarden Euro im Jahr beziffert,[4] seither boomt die Branche weiter.

---

4 Fischler, Johannes: *New cAge – Esoterik 2.0: Wie sie die Köpfe leert und die Kassen füllt*, Aschaffenburg: Alibri Verlag, 2017, S. 32f. Astrologen,

In welche Kultur man auch blickt, man findet Ausformungen von Spiritualität – was deutlich macht, dass der Mensch einen höheren Sinnzusammenhang ahnt. Daran konnte auch das Fortschreiten der Wissenschaft nichts ändern. Warum ist das so? Hat der Mensch tatsächlich ein Vakuum im Herzen, das nur Gott ausfüllen kann, wie einst der Mathematiker Blaise Pascal sagte?

Bewusst oder unbewusst: Der Mensch gehört einer suchenden Gattung an. Er möchte ein Wanderer mit Ziel sein. Der postmoderne Mensch sucht nicht mehr klassisch in den heiligen Büchern dieser Erde. Er googelt und chattet mit der Wahrsagerin. Er sucht seine Antworten nicht zwangsläufig bei Gott, aber er sucht trotzdem nach Wegen, um dieselbe alte, leere Herzenskammer auszufüllen, die schon vor Jahrtausenden Menschen antrieb, die Gretchenfrage[5] zu stellen. Heute locken Tausende Türen mit ihren Angeboten, die allesamt Herz, Geist und Seele Ruhe verschaffen möchten. Hinter vielen von ihnen verbirgt sich Geschäftemacherei, hinter manchen von ihnen eine reale Gefahr.

Raumenergetikerinnen, Wünschelrutengänger, Aura-Analytiker und Kristallheilerinnen setzen allein im deutschen Sprachraum Jahr für Jahr Milliardenbeträge um.

5   In Goethes Faust fragt Gretchen Heinrich: »Wie hast du es mit der Religion?«

Man kann vieles probieren, manchen kosten-intensiven Versprechen auf den Leim gehen. Am Ende stellt sich die Frage: Ist die Herzenskammer gefüllt? Ist man angekommen, oder bröckelt alles ab, was vermeintlich Hilfe und Erfüllung bringen sollte? Endet die Suche nach Ruhe und Freiheit mit Angst und Abhängigkeit?

Nach mehr als einem Jahrzehnt der Charakter-studie Gottes in der Bibel und der Beobachtung meiner Weggefährten behaupte ich: Der Mensch sucht, ohne es zu wissen, nach Gott. Ob es ihm gefällt oder nicht, er sucht ihn, weil Gott das fehlende Puzzleteil jeder menschlichen Existenz ist. Wer alleine durchs Leben puzzelt, erhält niemals das vollständige Bild und muss weitersuchen. Viele verpassen ihre verlorene Hälfte, weil sie nur nach sich selbst suchen. Wie oft forschen wir an der falschen Stelle! Wir strecken uns nach etwas aus, das nicht Gott heißt, und kommen nicht an. Letztendlich aber kann nur Gott vollständig ausfüllen, was fehlt, weil der Mensch »in seinem Bild« geschaffen ist. Ein Bild ohne ihn bleibt unvollständig. Damit uns das klar wird, hat Gott jedem von uns Hinweise hinterlegt. Die Bibel sagt beispielsweise, dass er uns die Ewigkeit ins Herz gelegt hat. Die Suche ist somit vorprogrammiert.

*Alles hat er schön gemacht zu seiner Zeit; auch hat er
die Ewigkeit in ihr Herz gelegt, ohne dass der Mensch
das Werk, das Gott gewirkt hat, von Anfang bis Ende
zu erfassen vermag.*[6]

Warum hinter jeder Suche
oder Sehnsucht Gott steckt

Ich bin für mich zu dem Schluss gekommen, dass
jede Sehnsucht bei Gott gestillt werden könnte.
Um diese Behauptung zu veranschaulichen, habe
ich zentrale Sehnsüchte herausgegriffen und zeige,
warum Gott in der Lage ist, sie zu stillen. Du muss
nicht alle Suchmuster lesen – suche dir einfach diejenigen heraus, die für dich relevant sind.

Die Suche nach Liebe

Sucht man nach Liebe, so sucht man nach Gott, denn
sein Wesen ist Liebe in Reinform.[7] Würde Gott aus
Bausteinen bestehen, so wäre die Liebe der atomare
Grundbaustein. Er liebt nicht nur vollkommen und
beständig, sondern gießt seine Liebe in Herzen aus.

---

6   Altes Testament: Buch Prediger, Kapitel 3, Vers 11.
7   Vgl. Neues Testament: 1. Brief des Johannes, Kapitel 4, Vers 8.

Und zwar in einer Weise, dass wir sie auch dort weitergeben können, wo wir es aufgrund von erlebten oder empfunden Verletzungen ohne seine Hilfe nicht schaffen würden. Bei Gott erfährt man also nicht nur ganz konkret bedingungslose Liebe, man wird auch dazu befähigt, sie weiterzugeben. Während viele ihr Herz ohne Gott im Verlauf ihres Lebens mehr verhärten und unbarmherziger werden, um sich selbst zu schützen, weitet es Gott und macht es liebensfähiger.

Und ich werde euch ein neues Herz geben und einen neuen Geist in euer Inneres geben; und ich werde das steinerne Herz aus eurem Fleisch wegnehmen und euch ein fleischernes Herz geben.[8]

Die Suche nach bedingungsloser Annahme und Anerkennung

Sucht man nach bedingungsloser Annahme und Anerkennung, so sucht man nach Gott, denn nur er nimmt bedingungslos und vollständig an. Menschen sind Wendehälse: Sie lieben dich heute und lassen dich morgen fallen. Ehe man sich versieht, hat man die Anerkennung verloren, nach der man sich

---

8   Altes Testament: Prophet Hesekiel, Kapitel 36, Vers 26.

sehnt. Gott nimmt vollkommen und unveränderlich an. Niemand kann aus Gottes Hand gerissen werden, nachdem er sich einmal bewusst in sie begeben hat. Kein Fehler, kein Missgeschick wird denjenigen von Gott trennen, der ihm sein Leben anvertraut hat. Er ist bedingungslos angenommen.

Meine Schafe hören meine Stimme, und ich kenne sie, und sie folgen mir; und ich gebe ihnen ewiges Leben, und sie gehen nicht verloren in Ewigkeit, und niemand wird sie aus meiner Hand rauben. Mein Vater, der sie mir gegeben hat, ist größer als alles, und niemand kann sie aus der Hand meines Vaters rauben.[9]

Die Sehnsucht nach Frieden

Sucht man nach Frieden, so sucht man nach dem Gott, dessen Name auch »der Friedefürst« ist. Wer von uns Menschen wäre in der Lage, dauerhaften politischen Frieden herbeizuführen? Der Menschheit gelingt es nicht einmal innerhalb der Familien. Mit Gottes Kraft und Hilfe weichen zwischenmensch-liche Kriegsbeile weißen Fahnen. In der Bibel spricht Gott häufig über den inneren Frieden, der im Gegen-

---

9   Neues Testament: Evangelium nach Johannes, Kapitel 10, Verse 27-29.

satz zum politischen Frieden jetzt schon erlangt werden kann. Und der ist tatsächlich Mangelware auf dieser Welt. Der Mensch findet in den Dingen, die die Welt bietet, zwar Freude, aber keinen bleibenden Frieden. Auf der Wellnessliege stellt sich vielleicht kurzfristig ein »Frieden light« ein. Gott gibt jedoch auch in schwierigen Umständen inneren Frieden – und das nicht erst im Himmel, sondern schon hier auf der Erde. Er befähigt uns dazu, mit unseren Umständen zufrieden zu sein. Darüber hinaus gießt er einen Frieden in unser Herz, der in allen Situationen greift und den man schwer erklären kann, den aber all jene kennen, die ihn von Herzen ihren Vater nennen.

Und der Friede Gottes, der allen Verstand übersteigt, wird eure Herzen und euren Sinn bewahren in Christus Jesus.[10]

Die Sehnsucht nach Gerechtigkeit

Sucht man nach Gerechtigkeit, so sucht man nach Gott. Er ist der Schöpfer unseres Gewissens und damit der Erfinder unserer Sehnsucht nach Gerech-

---

10 Neues Testament: Brief an die Philipper, Kapitel 4, Vers 7.

tigkeit. Jesus sagt in der Bergpredigt, dass sich diejenigen freuen sollen, die nach Gerechtigkeit hungern – denn sie werden eines Tages satt werden.[11] Er wird einst als Richter auftreten und unser Bedürfnis nach Gerechtigkeit stillen. Bei Gott gibt es weder das, was wir in Österreich »Freunderlwirtschaft« nennen, noch beugt er sich vor Kapital und Titeln. Sein Maßstab der Gerechtigkeit ist nicht verhandelbar. Wie bereits ausgeführt, wird er seine Messlatte auch an uns anlegen.

Der HERR aber thront in Ewigkeit; er hat seinen Thron zum Gericht aufgestellt. Und er wird den Erdkreis richten in Gerechtigkeit, wird über die Völkerschaften Gericht halten in Geradheit. Und der HERR wird eine hohe Festung für den Unterdrückten sein, eine hohe Festung in Zeiten der Drangsal.[12]

Die Sehnsucht nach Freiheit

Sucht man nach Freiheit, so sucht man nach Gott, denn nur er kann uns durch die Veränderung unseres Herzens von all dem frei machen, was uns lähmt, jagt und bindet. Viele bezeugen, dass sie

---

11 Vgl. Neues Testament: Evangelium nach Matthäus, Kapitel 5, Vers 6.
12 Altes Testament: Psalm 9, Verse 8-10.

durch Gottes Kraft von ihren Süchten befreit wurden. Wir glauben Freiheit dort zu finden, wo wir niemandem mehr verantwortlich sind, doch diese Freiheit schmeckt schal und macht uns einsam. Wahre Freiheit finden wir dort, wo wir uns nichts mehr vormachen müssen, wo wir in unserer Ganzheit angenommen sind. Jesus kann in jeder Situation sagen:

Wenn nun der Sohn euch frei macht,
werdet ihr wirklich frei sein.[13]

Die Suche nach Halt und Sicherheit

Sucht man nach Halt und Sicherheit, so sucht man nach Gott. Kein Mensch, keine Versicherung, kein finanzielles Polster kann sie uns dauerhaft bieten. Starke Arme, an denen wir uns festklammern, können schwach werden und uns verlassen. Reichtum nützt zuletzt auch nichts, weil das letzte Hemd keine Taschen hat, und gegen die schmerzhaftesten Schläge kann uns niemand versichern. Gottes Halt und Sicherheit haben eine ganz andere Qualität. Er sagt: Ich verlasse dich nicht. Ich bin bei dir alle Tage,

---

13 Neues Testament: Evangelium nach Johannes, Kapitel 8, Vers 36.

bis ans Ende der Zeit.[14] Ich gebe dir in schwierigen Situationen einen inneren Frieden, der allen Verstand übersteigt.[15] Ich durchschreite mit dir das Tor des Todes und bereite eine ewige Wohnung für dich. Bei Gott gibt es kein »bis dass der Tod uns scheidet«. Deshalb kann der Apostel Paulus schreiben:

Denn ich bin überzeugt, dass weder Tod noch Leben,
weder Engel noch Fürstentümer, weder Gegenwärtiges
noch Zukünftiges noch Gewalten, weder Höhe
noch Tiefe noch irgendein anderes Geschöpf
uns zu scheiden vermögen wird von der Liebe Gottes,
die in Christus Jesus ist, unserem Herrn.[16]

Die Sehnsucht nach dem echten Leben

Sucht man nach dem Leben, so sucht man nach Gott, der über sich sagt, dass er das Leben ist.[17] Reisen um die Welt, Partys, neue Rekorde, Gewinn oder Karriere sind vielbeschrittene Wege, um sich selbst und das Leben zu spüren. Kaum ist der Kick vorbei, fühlt man sich wieder leer – die Suche nach neuen

---

14 Vgl. Neues Testament: Evangelium nach Matthäus, Kapitel 28, Vers 20.
15 Vgl. Neues Testament: Brief an die Philipper, Kapitel 4, Vers 7.
16 Neues Testament: Brief an die Römer, Kapitel 8, Verse 38-39.
17 Vgl. Neues Testament: Evangelium nach Johannes, Kapitel 14, Vers 6.

Abenteuern beginnt. Das perfekte Leben bleibt ein Augenblick, der sich nicht halten lässt. Und für viele stellt sich die Frage: Ist das alles? Die gute Nachricht ist: Nein, es gibt mehr! Das Leben bietet viel, aber es gibt jemanden, der dir mehr als kurzlebige Freuden anbieten kann. Wenn Jesus von einem »Leben im Überfluss« spricht, will er ein Leben schenken, das aus seinen himmlischen Reichtümern in deine Seele fließt und in eine Ewigkeit bei ihm mündet.[18] Der Reichtum besteht nicht in dem, was du dann besitzt, sondern in dem, was du sein wirst: ein Kind des Höchsten.

Die Bibel sagt, dass Gott den Menschen in seinem Bild geschaffen hat.[19] Wenn man nun Gott aus dem Bild herausnimmt, ist es logisch, dass etwas fehlt. Dieses Etwas möchte zurück in dein Lebensbild und dir die Heimat für die Seele aufschließen. Vielleicht bist du am Ende dieses Buches dieser Heimat ein Stück näher gekommen. Das wäre schön.

---

18 Vgl. Neues Testament: Evangelium nach Johannes, Kapitel 10, Vers 10.
19 Vgl. Altes Testament: 1. Mose, Kapitel 1, Vers 27.

V. Auch Gott
ist ein Suchender

Gottes Wort stellt eine interessante Behauptung auf. Es sagt, dass nicht nur der Mensch sucht, sondern auch sein Schöpfer.

Gott hat vom Himmel herniedergeschaut
auf die Menschenkinder, um zu sehen,
ob ein Verständiger da sei, einer, der Gott suche.[20]

Gott sucht demnach nach Menschen, die nach ihm fragen. Er ist auch ein Suchender. Er sucht Menschen für sich. Er möchte Gemeinschaft mit ihnen haben und sich finden lassen. Auch von dir. Und er verspricht, dass diese Suche nicht ergebnislos sein wird.

Bittet, und es wird euch gegeben werden;
sucht, und ihr werdet finden;
klopft an, und es wird euch aufgetan werden.[21]

Es wäre doch schön, wenn da etwas dran wäre! Das Gute ist: Du kannst es ausprobieren.

---

20 Altes Testament: Psalm 53, Vers 3.
21 Neues Testament: Evangelium nach Matthäus, Kapitel 7, Vers 7.

*Da antwortete ihnen Jesus und sprach:
Meine Lehre ist nicht mein, sondern dessen, der mich
gesandt hat. Wenn jemand seinen Willen tun will,
so wird er von der Lehre wissen, ob sie aus Gott ist
oder ob ich von mir selbst aus rede.*[22]

Der Glaube an einen lebendigen Gott ist ein lebendiges Erlebnis, das dich und mich dazu herausfordert, uns von Gott zeigen zu lassen, ob er existiert. Das ist kein passiver Akt. Doch ehe wir zu diesem Thema kommen, möchte ich versuchen, etwaige Stolpersteine aus dem Weg zu räumen. Denn warum sich mit einem Gott beschäftigen, den es vielleicht gar nicht gibt? Also Ärmel hoch und zurück an den Anfang.

---

22 Neues Testament: Evangelium nach Johannes, Kapitel 7, Verse 16-17.

VI. Es gibt ihn,
es gibt ihn nicht …

Die ganze Frage nach Gott steht und fällt mit seiner Existenz. Als Kinder unserer Familie sind wir mit der Annahme aufgewachsen, dass es ihn gibt. Gerade deshalb macht es Sinn, alles von Anfang an selbst zu durchdenken. Denn angenommen, es gibt gar keinen Schöpfer – sind dann nicht alle Fragen nach dem Woher und Wozu Zeitverschwendung? Ich bevorzuge den Praxistest – das habe ich von unserer viel geliebten Oma gelernt, die weltfremde Träumer (aus therapeutischen Gründen) auf den Kartoffelacker geschickt hätte.

Natürlich kann man die Sprache der Klingonen erlernen und darauf hoffen, dass der Planet »Qo'noS« keine Star-Trek-Erfindung ist. Ehe man seine Energien verschwendet, wäre Prüfen angesagt. Das gilt auch für die Frage nach Gott und der Glaubwürdigkeit der Bibel. Auch hier ist es angemessen, die Wahrscheinlichkeiten abzuwägen und einen Faktencheck anzustellen. Wahrscheinlich könnte man eine Bibliothek mit den Schriften füllen, die für und gegen die Existenz eines Schöpfergottes argumentieren. Hier haben sich Menschen die Finger wund geschrieben, die klüger sind als ich.

Aber dies hier ist keine wissenschaftliche Abhandlung über die Argumentation der Gelehrten diverser Zeiten. Es ist ein Liebesbrief an meine Geschwister; der Versuch klarzumachen, dass Glaube kein Thema für langweilige Menschen ist, die sonst kein Hobby haben. Vielmehr möchte ich zeigen, dass Gott spannend ist, und Argumente liefern, die mich persönlich in der Glaubensfrage zum Nachdenken gebracht haben. Mehr kann ich nicht tun, dieses wenige aber schon – ohne Anspruch auf Vollkommenheit.

Back to the roots –
Knall oder Schöpfungsfall

Planck-Zeit 0. […] Die ganze Materie ist in einem Punkt komprimiert. Plötzlich beginnt dieser Punkt sich explosionsartig auszudehnen, und es entstehen Materie, Raum und Zeit. Der Anfang unseres Universums. Mit der Zeit entstehen Sterne, Planeten und Sonnensysteme, diese bilden fantastische Galaxien. In diesem schöpferischen Chaos entsteht unser Heimatplanet Erde. Auf ihm herrschen zufällig Bedingungen, die biologisches Leben ermöglichen.

*Der begünstigende Faktor ist die Zeit. In einem Prozess,
der sich über Jahrmillionen erstreckt, entwickelt sich
das Leben von den einfachsten Formen bis hin zum
Menschen.*[23]

Hier wird uns ein gewaltiger Beginn alles Seins vor
Augen gestellt. Ein Szenario, das in diesem Fall ohne
Schöpfer, Plan und Absicht auskommt. Genauso
wie der Schöpfungsbericht der Bibel gehen Wissenschaftler überwiegend davon aus, dass unser Universum einen Anfang hat. Statt eines gezielten
Schöpfungsakts durch ein höheres Wesen gilt vielen der Big Bang als Auslöser dafür, dass es etwas
gibt. Der Urknall setzte den Herzschlag unserer
bekannten Welt in Gang, der Zufall stand Pate, die
Zeit erledigte den Rest. Aus dem Nichts entstanden
Universen, in denen auch unser Heimatplanet eine
kleine Rolle spielt.

Wenn es sich so ereignet hat, sind wir ein Produkt
des Zufalls. Das bedeutet im Umkehrschluss, dass
ein mutmaßlicher Schöpfer samt Schöpfungsbericht
einpacken muss (zurück bliebe die Frage: »Steckt
jemand hinter dem Knall?«). Die Alternative zum
Big Bang ist, dass nicht der Zufall Ursprung und Ausgang aller Dinge ist, sondern eine »höhere Macht

---

23 Hochmuth, Manuel: *Evolutionstheorie vs. Schöpfungstheorie*, Fach-
arbeit 2016.

und Intelligenz« in einem Schöpfungsakt alles und jedes willentlich und planvoll schuf. So oder so – wissenschaftliche Augenzeugen waren nicht zugegen.

Weil es in vieler Hinsicht einen Unterschied macht, ob es einen Schöpfer gibt oder nicht, lasse ich dich in meine Gedanken blicken und beginne mit dem Szenario, in dem Gott der Held ist, der alles schuf. Bereit, meinen Gedanken zu folgen? Sehr gut.

Wenn es einen Schöpfergott gibt, dann ist er der Urheber aller Dinge. Dann ist er der geniale Initiator des beobachtbaren sowie des unbekannten Universums, der Schöpfer der Gesamtheit von Raum, Zeit, Materie und Energie. Zudem ist er der Erfinder allen Lebens auf der Erde – in seiner unerschöpflichen Vielfalt.

Unser Schöpfergott wäre zudem der Spender von menschlicher Intelligenz, der Urheber jeder Facette von Begabung (auch deiner) respektive der Fähigkeit zum Nachdenken. Er müsste aus einem unermesslichen Pool von Weisheit, Allmacht und Kreativität schöpfen, um die Dinge in der uns bekannten Weise zu schaffen.

Er würde sich nicht mit einem Einheitsbrei zufriedengeben, sondern eine Explosion an Farben und Formen auslösen, die jedes Feuerwerk zu einer Wunderkerze degradiert. Und er hätte einen ziemlich guten, massentauglichen Geschmack, um den ihn jeder Designer beneiden muss. Ich kenne niemanden, der einen Sonnenuntergang nicht umwerfend findet.

Alles in bester Ordnung

Folgende Tatsachen haben mich zum Nachdenken gebracht: Was auch immer am Anfang geschah – Wissenschaftler aller Disziplinen finden Ordnung, System und eine enorme Komplexität in allen Dingen. Ein eindrückliches Beispiel ist die biologische Zelle, die eine sehr produktive Miniaturfabrik ist. Der britische Biologe Eric James Denton beschreibt, dass selbst die Bakterienzelle Tausende Teile einer komplizierten molekularen Maschinerie besitzt. Diese bestehe insgesamt aus 100 000 Millionen Atomen und jede von ihnen sei vorzüglich gestaltet. Eine einzelne Bakterienzelle sei weitaus komplizierter als jede vom Menschen konstruierte Maschine.[24]

Daraus schließe ich: Wenn es einen Gott gibt, dann ist er ziemlich schlau. Oder: Wenn es einen Knall gab, hat er ganz schön was hervorgebracht. Forscherinnen und Forscher durchleuchten Muster, die bereits vorhanden sind. Sei es auf kleins-

---

24 Zitiert nach Lennox, John: *Hat die Wissenschaft Gott begraben?*, Wuppertal: R. Brockhaus, 2004, S. 175.

ter Ebene in der Molekularbiologie oder auf großer Ebene in der Astronomie. Die Wissenschaft kann zunehmend Phänomene, Strukturen und Prozesse erklären, doch die Frage nach dem Woher bleibt auch für sie Spekulation.

Albert Einstein, der kein Gott-gläubiger Mensch war, brachte eine interessante Sichtweise des Ursprungs des Universums zum Ausdruck: »Die Theorie liefert viel, aber dem Geheimnis des Alten bringt sie uns doch nicht näher.« Was auch immer den Ausschlag für den Anfang gab: Wir sind der Stunde null trotz zunehmender wissenschaftlicher Erkenntnis nicht entscheidend näher gekommen. Das war für mich eine erstaunliche Erkenntnis – die Theorien über den Anfang des Universums sind längst nicht so gesichert, wie ich immer dachte. Deshalb frage ich mich: Sind wir und das, was wir zu jeder Jahreszeit neu bestaunen, ein Produkt des Zufalls? Gibt es uns und die uns umgebende Natur nur deshalb, weil aus einem Knall vor ca. 13,8 Milliarden Jahren zufällig auch ein Planet hervorging, der eine geeignete Sauerstoff-Kohlenstoff-Ökologie aufwies, um Leben in der uns bekannten Form hervorzubringen?

Ein paar erstaunliche Zufälle bringen mich weiter zum Grübeln: Zufällig befand sich der Planet Erde in idealer Distanz zur Sonne und erhielt dadurch die erforderliche Menge an Energie, um Leben zu

| 48 |

ermöglichen und Wasser dauerhaft in flüssiger Form zu halten. Zufällig verhinderte die Umlaufgeschwindigkeit der Erde, dass die Sonne sie weiter an sich heranzog und sie in eine Wüste verwandelte. Zufällig war auch der Abstand zwischen Erde und Mond ideal, sodass er die Rotationsachse der Erde stabil auf ihrem Neigungswinkel von 23 Grad hielt. Ohne dieses freundliche, stabilisierende Einwirken des Mondes würde die Erde im Raum taumeln und könnte gleich zu ihrem Begräbnis einladen. Manche Zufälle sind wahre Lebensretter.

Nehmen wir einmal an, dass hier einfach ein paar gewichtige Zufälle aufeinandertrafen. Manchmal hat man eben Glück. Doch wie ging es weiter? Auf der Zufallserde, die bis heute in den Weiten des Universums ihresgleichen sucht, entstand zufällig ein nicht näher definierter organischer Stoff in einer Art Ursuppe. Er wollte nicht bleiben, was er war; er hatte noch viel vor und begann damit, sich über Jahrmillionen durch natürliche Prozesse sukzessive höher zu entwickeln. Natürlich erstreckte sich sein Plan, der letztlich keiner war, über gewaltige Zeitausmaße. Heute bestaunen wir das Ergebnis. Dich zum Beispiel, das macht mir sogar den Zufall sympathisch.

Trotzdem frage ich mich: Woher weiß ein sich im Prozess befindlicher organischer Stoff, wie er sich höher entwickeln kann? Hat er eine innewohnende Intelligenz, die ihm die Marschroute vorgibt? Ein Navi, das sagt: Jetzt rechts drei Atome anbauen? Woher kam der Plan? Wenn es keinen gab, warum gibt es nicht nur ein lebensfähiges Ergebnis, sondern geschätzte 8,7 Millionen Arten, abzüglich derer, die bereits ausgestorben sind? Ist Zufall der vertrauenswürdige Baustein, der gepaart mit Zeit ein so gewaltiges Ergebnis hervorbringen kann? Zeit und Zufall: die unschlagbare Kombo?

Des Weiteren beschäftigt mich: Wie konnten alle Arten aus einer entstehen? Weshalb zwei Geschlechtsausführungen? Da möchte ich wirklich gerne wissen, wie der organische Stoff das herausbekommen hat und ihm dazu applaudieren.

Wie entstand ohne einen intelligenten Schaltplan aus einer Gattung eine völlig andere? Wie konnte dieser diffizile, vielschichtige Ablauf gänzlich ohne Projektmanagement gelingen?

Auch löst der Umstand, warum in allen Dingen System steckt, neue Fragen aus. Verdeutlichen lässt sich dies an der Fotosynthese. Im Vergleich zu dieser ist selbst die Entwicklung einer hochkomplexen Spionagesoftware Lego Duplo. Trotzdem scheint es ein Kinderspiel gewesen zu sein, hier und allerorts Systeme hervorzubringen, die nicht nur für sich funktionieren, sondern sich gegenseitig bedingen,

| 50 |

als seien sie fein abgestimmte Bauteile eines gewaltigen Werks.

Bei einer Schwangerschaft wird manchmal schmerzlich deutlich, was bei einer kleinen Abweichung vom Bauplan geschieht. Das Kind wird entweder behindert oder nie lebensfähig geboren. Auf der anderen Seite haben es sämtliche hochkomplexe Pflanzen, Tiere und Menschen geschafft zu existieren. Und zwar in einer Art, dass jede Zelle, jedes Organ und jedes Glied für sich genommen ein Meisterwerk ist. Diese Ursuppe muss der reinste Zaubertrank gewesen sein.

Noch bleibt für mich ein Hinkelstein an Fragen: Wie gelingt eine Höherentwicklung trotz vieler Tücken? Ein Beispiel: Wie entwickelt sich ein Auge höher, oder wie gut sieht ein sich halb entwickeltes Auge? Sieht es überhaupt? Gab es Zwischenwesen, die nicht sehen konnten, weil das Auge nicht fertig entwickelt war? Warum bildet die Evolution so etwas Nachteiliges wie ein Gewissen aus? Ist es nicht eine Schwäche im Kampf um die Vorherrschaft? Wie erklärt man sich die Entstehung von Schöngeistigem wie Musik und Kunst? Wo sind die Massen der Zwischenwesen im Fossilbericht, die es doch geben muss, wenn die Evolution Recht hat? Warum sind die Schulbücher nicht voll davon?

Fragen über Fragen

Es gibt viele Fragen, die die Stunde null betreffen und wenige Antworten, die für mich persönlich nicht neue Fragen aufwerfen. Wenn die Annahme eines Schöpfergottes lächerlich ist, so lautet meine Gegenfrage: Wie befriedigend ist die Theorie der Höherentwicklung ohne einen gewaltigen Bauplan und damit einer höherstehenden Intelligenz? Warum entsteht in unserer Alltagswahrnehmung aus Chaos niemals System, wo dies doch die Grundlage allen Seins ist? Der menschliche DNA-Bauplan besitzt die höchste uns bekannte Speicherdichte an Information. Meines Wissens gibt es in unserer Welt keine Information ohne Urheber, und doch kommt die Urknall-Theorie ohne Urheber oder Schöpfer aus. Zu glauben, dass der Zufall Dinge wie Baupläne, Systeme, Informationen, Schönheit, Kunst oder ein Gewissen hervorbringen kann, fällt mir persönlich schwer. Da ist der Gedanke an eine übergeordnete Intelligenz nachvollziehbarer, die willentlich Hochkomplexes schafft und hervorbringt. Ich bin überzeugt, dass es nicht nur mir so geht. Täglich beobachte ich, dass man sich dieses Problems entledigt, indem der notwendige Urheber einen neuen Namen erhält: die Natur. Die Natur habe sich ein raffiniertes System ausgedacht. Doch kann »die

Natur« sich selbst erschaffen und dann aus sich selbst heraus kreieren und denken?

Der Anfang liegt im Dunkeln

Wer kritisch ist, muss mit Einstein zugeben: Der Anfang liegt nach wie vor im Dunkeln. Auch für Insider. In der Physik gibt es keine allgemein akzeptierte Theorie für das sehr frühe Universum. So gesehen ist es verwunderlich, warum die Evolutionstheorie nicht als ein Erklärungsmodell neben anderen präsentiert wird. Tatsache ist, dass der Ursprung des Universums durch Urknall und Evolution bereits so sehr in unsere Köpfe eingeschrieben ist, dass man sie gar nicht mehr infrage stellen kann, ohne dumm dazustehen. Trotz unbefriedigender Beweislage gilt das Ergebnis als gesichert und ist gesellschaftlich abgesegnet. Wer wie ich diese Erklärung über den Ursprung des Universums in Zweifel zieht, rennt gegen die Mauern einer bereits beschlossenen Doktrin.

Ich bin weder Expertin noch Naturwissenschaftlerin. Aber für mich klingt eine Zufallserde dieser Komplexität und Ausgestaltung nach einem Fall für den Kartoffelacker. Selbst wenn der Knall der Ursprung war, kann man einen intelligenten Masterplan erkennen. Man muss sehr viel glauben, um zu glauben, dass es niemanden gibt, der die Fäden zieht. Für mich ist der Zufall kein überzeugender Pate. Manchmal frage ich mich, wo das kleine Kind ist, das ähnlich wie bei der Parade von des »Kaisers neue Kleider« die Unzulänglichkeit des Erklärungsangebots aufdeckt. Natürlich beweist eine unbewiesene Theorie noch lange nicht die Existenz eines Schöpfergottes. Aber vielleicht sollte man sicherheitshalber doch ein wenig auf der Gottes-Seite nachschauen. Das möchte ich nun mit dir tun.

VII. Ist da jemand?

Eines ist klar. Das mit Gott ist keine einfache Sache, und manchmal wünschte ich, er würde täglich den Himmel aufreißen. Jeder wüsste, wie der Hase läuft und was von ihm erwartet wird. Aber so einfach ist das nicht und daran können wir auch basisdemokratisch nichts ändern.

Deshalb bleibt die Frage, wie man seinen Schöpfer erkennen kann – sofern es ihn gibt. Grundsätzlich gilt: Wenn eine höhere Macht existiert, dann sind wir darauf angewiesen, dass sie sich uns offenbart. Der Grund hierfür liegt auf der Hand. Wenn Gott der Schöpfer unseres Gehirns ist, dann ist er größer als unser Gehirn, was bedeutet, dass wir ihn uns nicht erdenken können. Die grauen Zellen reichen beim besten Willen nicht aus. Er muss sich selbst offenbaren, sich uns zeigen. Geschieht dies nicht, umfasst der Begriff »Gott« letztendlich eine Sammlung von Mutmaßungen und Wunschgedanken, die vielleicht himmelhoch von dem entfernt sind, was und wie er ist. Dann landen wir automatisch im Götzenkonstrukt.

Selbermachen ist in. Sich einen Gott selbst zurechtzuzimmern aber sinnlos. Genau dies geschieht immer wieder. Dazu greift man kühn in den Pott diverser Weltanschauungen, schüttelt den Inhalt einmal kräftig durch, garniert ihn noch mit individuellen, transzendenten Selbsterfahrungen und befragt zur Not ein Medium wie einen Geistheiler. Was seltsam klingt, wird vielfach ausprobiert, auch bei uns. Aber wie tragfähig ist das Ergebnis?

Wären wir in anderen, geerdeten Bereichen auch so leichtgläubig? Angenommen, jemand würde Bauteile von sieben verschiedenen Brücken ankarren, inklusive eines Pfeilers, der aus einer ausrangierten Kinderschaukel in Eigenregie modifiziert wurde. Nun werden diese Teile eigenmächtig kombiniert und über eine große, breite Schlucht gewuchtet. Setz nun deinen Fuß darauf und überquere den Abgrund! Wer ist dabei?

Diese Vorstellung ist natürlich absurd. Aber in spirituellen Dingen geschieht genau das. Gott wird aus verschiedenen Bauteilen und Idealvorstellungen zusammengezimmert und dem eigenen Geschmack angepasst. Das Geschöpf erschafft sich seinen Schöpfer selbst. Kommen wir ihm so näher? Lernen wir ihn dadurch kennen? Nein, wir entfernen uns weiter von ihm und schaffen einen Götzen, der weder hört noch sieht. Wir können uns Gott nicht einmal dann erdenken, wenn wir ansatzweise etwas über ihn wissen.

Dazu eine Veranschaulichung: Wenn dich jemand nur aus der Ferne kennt und sich ein Bild von dir macht, formt dich das noch lange nicht zum Subjekt dieser fremden Mutmaßungen und Fantasien. Du bist zum Glück du, und wenn sich eine Person nicht die Mühe macht, dich kennenzulernen, wird sie dich einfach verpassen. Schade. Wir sind also darauf angewiesen, dass Gott in gewisser Weise den Himmel aufreißt und sich in die Karten blicken lässt. Wenn er das nicht tut, können wir ihn unmöglich kennenlernen. Jeder Versuch endet als vertane Liebesmüh.

Die Bibel stellt in diesem Zusammenhang eine bemerkenswerte Behauptung auf. Sie nimmt für sich in Anspruch, Gottes Karten offenzulegen. Hierbei geht es nicht um das Buch an sich, sondern um die darin enthaltenen Botschaften und den Absender derselben. Dazu kommen wir später.

Selbstverständlich beschränkt sich Gott nicht nur auf ein Buch. Er spricht auch durch die Natur zu dir. Vielleicht spürst du in Anbetracht eines gewaltigen Sternenhimmels etwas von seiner Existenz, oder wenn das Engelslächeln eines Neugeborenen dein Herz berührt. Gott kennt nicht nur deine persönliche Frequenz, über die nur du erreichbar bist, sondern er spricht auch durch dein moralisches Gewissen (Gewissen heißt »Mitwissen«) und diverse Umstände in dein Leben hinein. Nicht selten schickt er Menschen. Wenn du in deinen Erinnerungen kramst, wird dir vielleicht bewusst, dass du in manchen Situationen auf unerklärliche Weise bewahrt wurdest – auch das ist eine Message und ein Klopfen an deine Herzenstür.

Gott ist ebenso wenig ein Buch, wie er ein alter Mann ist. Er ist allgegenwärtig, er ist gemäß der Bibel Geist, Liebe und Licht. Und er lässt und ließ sich nicht nur in die Karten schauen, er lässt sich finden, wie viele Menschen bezeugen können. Über Jahrhunderte hinweg offenbarte er seinen Plan. Doch dabei ist es nicht geblieben.

VIII. Die Gottesvisite

*Im Anfang war das Wort, und das Wort war bei Gott,
und das Wort war Gott. Dieses war im Anfang bei Gott.
Alles wurde durch dasselbe, und ohne dasselbe wurde
auch nicht eins, das geworden ist. In ihm war Leben,
und das Leben war das Licht der Menschen.*[25]

*Und das Wort wurde Fleisch und wohnte unter uns
(und wir haben seine Herrlichkeit angeschaut,
eine Herrlichkeit als eines Eingeborenen vom Vater)
voller Gnade und Wahrheit.*[26]

*Nachdem Gott vielfältig und auf vielerlei Weise
ehemals zu den Vätern geredet hat in den Propheten,
hat er am Ende dieser Tage zu uns geredet
im Sohn, den er gesetzt hat zum Erben aller Dinge,
durch den er auch die Welten gemacht hat.*[27]

Das Neue Testament der Bibel berichtet, dass es Gott
nicht ausgereicht hat, seinen Plan durch die Propheten ausrichten zu lassen. Der Schöpfer aller Dinge

---

25 Neues Testament: Evangelium nach Johannes, Kapitel 1, Verse 1-4.
26 Neues Testament: Evangelium nach Johannes, Kapitel 1, Vers 14.
27 Neues Testament: Brief an die Hebräer, Kapitel 1, Verse 1-2.

sei selbst in Raum und Zeit Mensch geworden, um Gottes Ausweg für dich zu offenbaren. Gott in Menschengestalt hieß Jesus, war gelernter Zimmermann und hat die vorherrschende Welt mit seiner Botschaft von Liebe und Rettung revolutioniert. Nebenbei hat er eine neue Zeitrechnung eingeläutet.

Jesus ist gemäß dem Neuen Testament so etwas wie ein Stempel- oder Wesensabdruck Gottes, durch den man Gottes Charakter ablesen kann. Jesus war demnach nicht nur ein netter Mensch, er war Gott in Menschengestalt. Er und Gott im Himmel bilden mit dem Geist Gottes eine Wesenseinheit. Deshalb sagte Jesus: »Wer mich gesehen hat, hat den Vater gesehen.«[28] Und: »Ich und der Vater sind eins.«[29]

In seiner 33 Jahre andauernden Stippvisite auf der Erde hat Gott ziemlich eindrücklich den Himmel aufgerissen. An Jesus wird der Charakter Gottes sichtbar, wird Gott anfassbar und begreifbar. Die Bibel behauptet, dass Gott in Jesus zu einer personifizierten Botschaft wurde.

Wie geht es dir, wenn du das liest? Klingt das für dich nach einem Fall für 1001 Nacht? Und ist diese Geschichte nicht ganz böse ausgegangen? Selbst wenn die Theorie einer Zufallserde nicht befriedigend sein mag, ist es durchaus verständ-

---

28 Neues Testament: Evangelium nach Johannes, Kapitel 14, Vers 9.
29 Neues Testament: Evangelium nach Johannes, Kapitel 10, Vers 30.

lich, dass Menschen mit der hier angerissenen Version auch ihre Probleme haben. Ein Schöpfer, eine Intelligenz hinter allen Dingen: vielleicht. Aber Gott als Mensch und die Bibel als Gottes Botschaft für uns? Gehen wir der Angelegenheit weiter auf den Grund.

Gott wird Mensch –
Mythos ohne Anhaltspunkt?

Gott als Mensch, eine überspannte Behauptung? Das ist ein berechtigter Einwand, auf den ich gerne eingehen möchte. Ungeheuerliche Behauptungen erfordern nämlich ungeheuerliche Beweise, das ist das Mindeste, was ein vernunftbegabter Mensch bei einem Thema mit dieser Tragweite fordern darf. Wer will schon einer Fiktion erliegen und den Verstand an der Garderobe abgeben? Selbst in der Bibel wird der Mensch dazu aufgefordert, zu prüfen. Leider winken die meisten Menschen ab, ohne näher hinzusehen.

Dabei kann man leicht unter den Lack dringen, tiefer schauen. Sich Dinge vor Augen führen, die man beim schnellen Hinschauen nicht erkennen kann, die es aber wert sind, betrachtet zu werden. Denn wenn die Botschaft der Bibel wahr ist, geht sie jeden etwas an. Auch die Desinteressierten, die Spötter und die Abwinker. Deshalb bitte ich dich, dass du weiterliest, und ich frage mich, ob du genauso ins Staunen gerätst wie ich.

IX. Faktencheck

Ein Schöpfer muss ähnlich in seiner Schöpfung erkennbar sein wie ein Künstler in seinen Werken. Genauso ist es auch, nur dass Gottes Werk jeden Rahmen sprengt. Die Bibel spricht davon, dass man die Existenz Gottes an der Schöpfung ablesen kann. Das Geschaffene lässt die Handschrift einer übergeordneten Intelligenz erkennen. Das setzt natürlich voraus, dass man die Gottes-Hypothese nicht von vornherein ausschließt.

Im Brief an die Römer schreibt der Apostel Paulus, dass Gottes unsichtbares Wesen, nämlich seine ewige Kraft und Gottheit, seit der Erschaffung der Welt an dem Geschaffenen wahrgenommen werden kann.[30] Und zwar durch eine so einfache Tätigkeit wie Nachdenken. Nicht das Ausschalten, sondern das Einschalten des Verstands ist gefordert. Wer nicht nachdenkt und nicht prüft, verpasst das Offensichtliche.

Gelangt man an den Punkt, dass das Universum zu gewaltig, zu geordnet, zu intelligent strukturiert ist, um einem Zufall zu entspringen, dann heißt das

---

30 Vgl. Neues Testament: Brief an die Römer, Kapitel 1, Vers 20.

noch lange nicht, dass man beim Gott der Bibel angekommen ist. Was hat dieser im Gepäck, das uns dabei helfen könnte, ihn als ernste Alternative zu prüfen?

Nach der Auseinandersetzung mit diversen Weltanschauungen lieferte mir die Auseinandersetzung mit der Bibel gute Argumente, an denen ich Verstand und Herz festmachen konnte. Spannend war dazu die Frage einer Person, die unserer Familie nahesteht. Sie konnte sich nicht genug darüber wundern, wie ein Mensch wie ich Christ sein könne, wo ich doch sonst so vernünftig sei. Vielleicht ist auch dir dieser Gedankengang vertraut. Wenn wir jedoch den Apostel Paulus ernst nehmen, ist Vernunft keine schlechte Ausgangslage, um Christ zu werden.

Gerne zeige ich dir, welche Argumente und Umstände mir dabei geholfen haben, mein Vertrauen auf den Gott der Bibel zu setzen. Dazu setze ich mit dir zu einem Sprung in die Schriften des Alten Testaments an. Wenn ich auch zu Beginn mit ein paar trockenen Zahlen den Boden aufbereiten muss, wirst du zuletzt überrascht sein.

Altes Testament und Prophetie

Das Alte Testament wurde wahrscheinlich im Zeitraum von ca. 1606 bis 420 v. Chr. abgefasst. Gemäß der Bibel sprach Gott etwa 1200 Jahre lang durch verschiedene Propheten zu dem jüdischen Volk und gewährte ihnen einen Blick in seinen universalen Plan mit der Menschheit. Die alttestamentlichen Bücher dokumentieren historische Begebenheiten der Weltgeschichte, beinhalten Weisheitsliteratur, Lehrbücher sowie prophetische Schriften über damals noch zukünftige Ereignisse.

In der Frage, ob die Bibel eine beachtenswerte und vertrauenswürdige Quelle ist, sind für mich und viele andere Menschen die prophetischen Schriften bedeutsam. Vernünftigerweise muss sich eine Botschaft, die den Anspruch erhebt, Gottes Wort zu sein, auf übernatürliche Art ausweisen. Sonst bleibt sie doch nur Menschenwerk. Dies geschieht durch die biblische Prophetie, welche im Verlauf von etwa 1200 Jahren durch verschiedene Autoren aufgezeichnet wurde.

Weil ein Gott, der außerhalb von Zeit und Raum existiert, die Zukunft kennt, ist es für ihn ein Leichtes, diese mitzuteilen. Die Bibel, die sich selbst als Gottes Wort bezeichnet, kennt Hunderte Prophetien, die sich im Laufe der Geschichte erfüllt haben.

Allein 300 erfüllte Prophetien beziehen sich auf Jesus.

Wir haben heute als Zurückblickende die historische Chance, uralte bereits erfüllte Prophetien wie ein Memory zu betrachten. Sowohl das Ausgangsbild als auch die deckungsgleiche (Hunderte Jahre ältere) Karte sind vorhanden. Wir müssen die Fakten nur aufdecken, abgleichen und zu Paaren zusammenführen. Je höher der Paarstapel, desto größer die Wahrscheinlichkeit, dass wir uns auf einer heißen Spur befinden.

Unsere Memory-Cards oder Prophetien beziehen sich zum Zeitpunkt ihrer Abfassung auf zukünftige Ereignisse von regionalem oder weltpolitischem Charakter wie das Kommen und Gehen von Großmächten. Eine große Bedeutung wird jenen Prophezeiungen eingeräumt, die sich auf das Kommen des Retters, des sogenannten Messias beziehen. Auf sie möchte ich nun eingehen, weil der Messias den Mittelpunkt der biblischen Prophetie bildet. Wie Trommelwirbel kündigen die Prophezeiungen das Kommen des Messias an, auf ihn sind alle Scheinwerfer gerichtet. Zu welchem Zweck er kommen wird und weshalb es überhaupt einen Retter braucht, ist ein Schatz, den wir später heben werden. Dann werden wir bei der Geschenkbox angekommen sein, mit der ich schon zu Beginn gewunken habe. Erst aber gründen wir das Fundament.

Allein in den Büchern des Alten Testaments finden sich über 300 messianische Prophezeiungen, die sich buchstäblich im Leben von Jesus Christus erfüllt haben. Wie du dir das vorstellen kannst? In den Büchern der Bibel offenbarte Gott präzise Erkennungsmerkmale für die Person, der eine Schlüsselrolle in seinem großen Plan zukommen sollte. Darunter den Zeitpunkt seines Kommens, den Geburtsort, das Familienverhältnis, seine Fähigkeit zu heilen und Wunder zu wirken, seine Abweisung durch die jüdische religiöse Herrschaft, seinen Verrat durch einen Freund, zahlreiche Details über seine Todesart, seine Auferstehung und Himmelfahrt. Aus dem Buch Daniel geht exakt das Jahr hervor, in dem der Messias »weggetan« werden würde.[31] Es war das Jahr, in dem der Wanderprediger Jesus gekreuzigt wurde. Offenbar wollte der Gott der Bibel gerade in Bezug auf seinen Schlüsselmann keinen Zweifel aufkommen lassen. Immerhin könnte jeder von sich behaupten, er sei der Retter der Welt. Religionsgründer leben mitunter sehr gut – mit einem derart detaillierten Profiling wird die Fälschung jedoch unmöglich. Selbst ein Grundschüler könnte einen falschen Kandidaten enttarnen und umgekehrt den Richtigen mühelos bestätigen – wie bei Jesus.

---

31 Vgl. Altes Testament: Prophet Daniel, Kapitel 9, Vers 26.

Um diese Fakten lebendiger werden zu lassen, sei hier eine Prophetie aus dem Buch Jesaja angeführt. Jesaja lebte um ca. 700 v. Chr. Von wem schreibt er in seinem Text? Menschen mit christlichem Hintergrund können das zweifelsfrei mit ihren Kenntnissen aus dem Religionsunterricht in der Grundschule beantworten.

Er war verachtet und verlassen von den Menschen, ein Mann der Schmerzen und mit Leiden vertraut, und wie einer, vor dem man das Angesicht verbirgt; er war verachtet, und wir haben ihn für nichts geachtet.

Doch er hat unsere Leiden getragen, und unsere Schmerzen hat er auf sich geladen. Und wir, wir hielten ihn für bestraft, von Gott geschlagen und niedergebeugt; doch um unserer Übertretungen willen war er verwundet, um unserer Ungerechtigkeiten willen zerschlagen. Die Strafe zu unserem Frieden lag auf ihm, und durch seine Striemen ist uns Heilung geworden. Wir alle irrten umher wie Schafe, wir wandten uns jeder auf seinen Weg; und der HERR hat ihn treffen lassen unser aller Ungerechtigkeit.

Er wurde misshandelt, aber er beugte sich und tat seinen Mund nicht auf, wie ein Lamm, das zur Schlachtung geführt wird, und wie ein Schaf, das

*stumm ist vor seinen Scherern; und er tat seinen Mund
nicht auf. – Er ist weggenommen worden aus der Angst
und aus dem Gericht. Und wer wird sein Geschlecht
aussprechen? Denn er wurde abgeschnitten aus dem
Land der Lebendigen: Wegen der Übertretung meines
Volkes hat ihn Strafe getroffen. Und man hat sein Grab
bei Gottlosen bestimmt; aber bei einem Reichen ist er
gewesen in seinem Tod, weil er kein Unrecht begangen
hat und kein Trug in seinem Mund gewesen ist.*

*Doch dem HERRN gefiel es, ihn zu zerschlagen,
er hat ihn leiden lassen. Wenn seine Seele das
Schuldopfer gestellt haben wird, so wird er Samen
sehen, er wird seine Tage verlängern; und das
Wohlgefallen des HERRN wird in seiner Hand gedeihen.
Von der Mühsal seiner Seele wird er Frucht sehen
und sich sättigen. Durch seine Erkenntnis wird mein
gerechter Knecht die Vielen zur Gerechtigkeit weisen,
und ihre Ungerechtigkeiten wird er auf sich laden.
Darum werde ich ihm Anteil geben an den Vielen,
und mit Gewaltigen wird er die Beute teilen: dafür,
dass er seine Seele ausgeschüttet hat in den Tod
und den Übertretern beigezählt worden ist;
er aber hat die Sünde vieler getragen und für
die Übertreter Fürbitte getan.*[32]

---

32 Altes Testament: Prophet Jesaja, Kapitel 53, Verse 3-12.

Allein in dieser Jesaja-Stelle sehen wir entscheidende Fakten rund um die Kreuzigung von Jesus. Wir erfahren, dass er vor der Hinrichtung misshandelt werden wird – die Striemen erlitt Jesus durch die Geißelung. Durchbohrt wurde er an Händen und Füßen. Wir lesen weiter, dass er seinen Mund nicht zu seiner Verteidigung auftun wird – Jesus schwieg seinen Anklägern gegenüber und verteidigte sich nicht, wie wir in den Evangelien lesen. Wir erfahren, dass er für seine Mörder Fürbitte tun wird und denken an den Ausspruch: »Vater, vergib ihnen, denn sie wissen nicht, was sie tun!«[33] Zudem lesen wir die Prophezeiung, dass die beschriebene Person im Grab eines Reichen bestattet werden wird. Der wohlhabende Ratsherr Joseph von Arimathia bat Pilatus um den Leichnam Jesu und brachte ihn in eine noch unbenutzte Gruft, die sich wohl für künftige Zwecke im Familienbesitz befand.

Nehmen wir noch eine Prophezeiung aus Psalm 22 hinzu, so erkennen wir, dass selbst der Umstand angekündigt war, dass die Kleider von Jesus per Los unter seinen Henkern verteilt wurden.

Meine Kraft ist vertrocknet wie eine Tonscherbe,
und meine Zunge klebt an meinem Gaumen;

---

33   Neues Testament: Evangelium nach Lukas, Kapitel 23, Vers 34.

und in den Staub des Todes legst du mich.
Denn Hunde haben mich umgeben, eine Rotte von
Übeltätern hat mich umzingelt. Sie haben meine
Hände und meine Füße durchgraben. Alle meine
Gebeine könnte ich zählen. Sie schauen und sehen
mich an; sie teilen meine Kleider unter sich, und über
mein Gewand werfen sie das Los. Du aber, HERR,
sei nicht fern! Meine Stärke, eile mir zu Hilfe![34]

Im Grunde ließe sich aus diesen uralten Schriften eine eindrucksvolle Osterpredigt zusammensetzen. Meine Reaktion darauf: Gänsehaut. Gerade weil die Details rund um Jesu Kreuzigung so deckungsgleich zu den Ankündigungen sind, wurde die Echtheit der Jesaja-Schriften häufig in Zweifel gezogen. Die frappante Übereinstimmung legte den Verdacht einer späteren Abfassung nahe, also einer nachträglichen Manipulation des Textes, ein Versuch von Christen, Jesus als Messias weiter zu legitimieren und künstlich ein Memory-Paar zu schaffen. Durch die Funde der Schriftrollen in Qumran im Westjordanland zwischen 1947 und 1956 wurde die Echtheit des Jesaja-Textes jedoch bestätigt. Die entdeckten Handschriften waren rund 1000 Jahre älter als die frühesten zuvor bekannten Bibel-Manuskripte und

---

34 Altes Testament: Psalm 22, Verse 16-20.

beinhalteten auch eine nahezu komplett erhaltene Abschrift des gesamten biblischen Jesaja-Buchs. Der Fund wurde als Jahrhundertsensation gehandelt und bewies, dass die Prophezeiungen über den Messias nicht nachträglich eingeschmuggelt wurden. Das Memory-Paar ist echt.

Die Juden zu Lebzeiten Jesu konnten anhand der Prophetien der Propheten Micha, Jesaja und Jeremia prüfen, ob sie den Messias vor sich hatten. Wenn sie denn wollten. Die Schriften waren den Menschen jener Zeit jedenfalls zugänglich und wurden vielfach kopiert. Aus diesem Grund liegen heute zahlreiche Funde und Text-Fragmente vor.

Das Zentrale ist: Die Prophezeiungen trafen in ihrer gesamten Fülle im Leben von Jesus ein. Das sprengt mathematisch jegliche Grenzen der Wahrscheinlichkeit und ist – wenn die Dinge in der uns bekannten Weise ablaufen – unmöglich. Bei einer Wahrscheinlichkeit von 1:2 erhält man für 300 Prophezeiungen eine Zahl, die jede menschliche Vorstellungskraft sprengt, wie das folgende Rechenbeispiel verdeutlicht.

Ein Mathematiker machte sich die Mühe, die Wahrscheinlichkeit, dass sich all die Prophezeiungen zufällig erfüllen, anhand von Ameisen zu illustrieren. Dazu benötigt man unzählige schwarze Ameisen und eine einzige rote. Überschüttet man nun den gesamten Erdball mit einer 10 Meter dicken Ameisenschicht (alle schwarz, eine rot), dann käme die Wahrscheinlichkeit von 78 erfüllten biblischen Vorhersagen dem gleich, dass jemand mit verbundenen Augen zufällig aus diesem Weltameisenhaufen die einzige rote zieht. Um auf 300 zufällig erfüllte Prophetien zu kommen, benötigt man gemäß dieser Darstellung bereits ein ganzes Universum voller Ameisen.[35] Bist du überrascht?

In unserer Erfahrungswelt ist es unmöglich, dass Hunderte von vorher definierten Kriterien exakt auf eine einzige Person zutreffen. Was heißt, dass hier aus meiner Sicht ein Sachverhalt vorliegt, den man nur als Zufall abtun kann, wenn man seinen Verstand an der Garderobe abgibt. Mit Vernunft kann zumindest ich nicht an diesem Wegweiser vorbeigehen, auf dem steht: »Gott – hier entlang!«

Neben der messianischen Prophetie umfasst die Bibel zahlreiche Voraussagen über politische und weltgeschichtliche Ereignisse. Allein im Buch Daniel finden sich mehr als 200 erfüllte und überprüfbare Weissagungen über Weltgeschichte.[36] Alles gefakt und hinterher hineingeschummelt? Annahmen wie

---

35 Veranschaulicht in diesem YouTube-Video: »Ameise ins Quadrat – Glaubwürdigkeit der Bibel anhand von Prophezeiungen«, https://www.youtube.com/watch?v=bTXA8phjCG4.
36 Liebi, Roger: *Weltgeschichte im Visier des Propheten Daniel*, Bielefeld: CLV, 2009, S. 13.

| 73 |

diese können durch die wissenschaftliche Datierung der Funde der alten Prophetenmanuskripte entkräftet werden. Die Prophezeiungen helfen mir persönlich dabei, dem Inhalt der Bibel Gewicht zu geben. Immerhin steht in diesem Punkt die Bibel konkurrenzlos da. Aber auf der großen Waage »Gott oder kein Gott« gibt es neben den Prophezeiungen weitere gewichtige Argumente für den Gott der Bibel. Was ebenfalls für die Bibel spricht, ist, dass sie offenbar schon seit Tausenden von Jahren die Kraft hat, Leben auf einen sicheren Grund zu stellen und zu verändern. Meines zum Beispiel, aber es gibt prominentere Beispiele.

X. Der Mann namens Jesus

Für Wissenschaftler ist es unbestritten, dass Jesus real gelebt hat. Die biblische und außerbiblische Quellenlage über sein Leben sucht in der gesamten Antike ihresgleichen. Sein Leben ist besser bezeugt als das von Julius Cäsar und Alexander dem Großen.

Trotzdem scheiden sich an Jesus viele Geister. Meine Erfahrung ist, dass sein Name eher Unbehagen hervorruft. Eigenartigerweise fordert Jesus uns mehr heraus als der Prophet Mohammed. Überlege selbst. Wer kommt dir im Gespräch mit Freunden leichter über die Lippen – Jesus oder Mohammed? Eben! Warum polarisiert Jesus? Wie kommt es, dass wir über seinen Namen stolpern? Welche Botschaft brachte der friedliebende Zimmermann, dass er in jeder Alltagskommunikation peinlich ausgespart wird, während Weisheitssprüche des Dalai-Lama, Strophen der Bhagavadgita der Hindus und chinesische Weisheiten salonfähig sind? Warum nicht den Kaffee aus einer Tasse schlürfen, auf der steht: »Ich bin der Weg und die Wahrheit und das Leben. Niemand kommt zum Vater als nur durch mich«[37]?

---

37 Neues Testament: Evangelium nach Johannes, Kapitel 14, Vers 6.

Eben deshalb. Jesus will zu viel für sich. Ein Weg von vielen? Sehr gut. Eine Wahrheit von vielen? Warum nicht. Ein Spender von neuem Leben? Auch nichts dagegen einzuwenden. Aber Jesus will zu viel. Er will der Weg, die verkörperte universale Wahrheit und das Prinzip des (ewigen) Lebens sein. Er beansprucht nicht nur alles für sich, sondern schließt alle anderen Wege aus. Das muss einmal so gesagt werden. Ein Absolutheitsanspruch passt nicht in unsere Zeit, in der alle Wege nach Rom führen. Aber ist das so? Führen tatsächlich alle Wege nach Rom? Auch der entlang der Chinesischen Mauer von Liaoning nach Jiayuguan?

War Jesus ein Narzisst, der niemanden neben sich gelten lassen wollte? Blicken wir ein wenig in sein Leben und beantworten diese Frage hinterher.

10.1. J.E.S.U.S. – Die Anfänge

Jeden Tag werden Menschen geboren, und jeden Tag ist das für diejenigen, denen ein kleines Wesen anvertraut wird, ein großes Wunder. Wir haben ein paar solche Wunder in unserer Großfamilie erlebt und dürfen ihnen dabei zusehen, wie sie ihr unverwechselbares Wesen entfalten. Keines gleicht dem anderen.

Jesus wurde zu Beginn unserer Zeitrechnung in Bethlehem geboren, einem damals unbedeutenden Dorf in Judäa. Das Wunder seiner Geburt hatte eine zusätzliche Dimension. Das begann damit, dass es bei seiner Zeugung gemäß den biblischen Berichten nicht naturgemäß zuging. Seine Eltern waren noch nicht verheiratet. Was heute Normalzustand ist, bedeutete damals, dass das Paar noch nicht miteinander geschlafen hatte. Damals war Sex vor der Ehe undenkbar – es wird dezidiert berichtet, dass die Mutter von Jesus noch Jungfrau war. Ihr Verlobter Joseph fühlte sich aufgrund ihrer Schwangerschaft betrogen und wollte sie nicht mehr heiraten.

Als Maria in den übernatürlichen Plan eingeweiht wurde, verstand auch sie nicht, wie diese Schwangerschaft zustande kommen sollte. Sie fragte den Überbringer der Botschaft: »Wie kann das sein, da ich ja keinen Mann kenne?«[38] Maria war nicht naiv, sie war aufgeklärt und wusste, dass man vom Händchenhalten nicht schwanger wird. Ihre übernatürliche Schwangerschaft ließ den Traum einer gemeinsamen Zukunft mit Joseph platzen und stigmatisierte sie zum Schandfleck in ihrer Gesellschaft. Trotzdem akzeptierte sie bereitwillig, was Gott mit ihr vorhatte.

---

38 Neues Testament: Evangelium nach Lukas, Kapitel 1, Vers 34.

Wenn wir heute von der Jungfrauengeburt hören, schütteln wir den Kopf. Das mag vor 2000 Jahren jemand geglaubt haben, aber in unserer aufgeklärten Zeit haben wir diese Naivität glücklicherweise abgestreift. Falsch gedacht! Die Menschen von damals haben es auch nicht geglaubt. Unser Kopfschütteln ist zudem einem falschen Denkansatz geschuldet, wie ich hier zeigen möchte.

Was Menschen heute denken, ist, dass das Märchen der Jungfrauenschwangerschaft deshalb erzählt wird, weil man Sex ein schlechtes Mäntelchen umhängen möchte. Leider war die Dämonisierung der Lust lange kirchliche Praxis. Fälschlicherweise. Denn der Schöpfergott ist ja der Erfinder der sexuellen Vereinigung. Er hat sie so konzipiert, dass sie ein Paar erfreut und zu einer innigen Einheit verschmelzen lässt. Wäre Gott gegen die sexuelle Vereinigung von Mann und Frau, wäre sie sozusagen ein »notwendiges Übel« zum Erhalt der Arten, dann hätte er nicht dafür gesorgt, dass sie als schön empfunden wird. Atmen, Schlafen und Gebären sind auch lebensnotwendig und arterhaltend. Wo bleibt aber der Spaßfaktor?

Körperliche Liebe ist ein Geschenk Gottes, und wir lesen in der Bibel, dass auch Joseph und Maria nach der Geburt von Jesus in diesem Bereich ein erfülltes Eheleben führten. Im Matthäus-Evangelium steht:

Und er [Joseph] erkannte sie nicht, bis sie ihren erstgeborenen Sohn geboren hatte; und er nannte seinen Namen Jesus.[39]

In unsere Sprache übertragen bedeutet das: »Er schlief aber nicht mit ihr bis zur Geburt ihres Sohnes. Dem gab Joseph den Namen Jesus.« In manchen Bibelübersetzungen wird statt »miteinander schlafen« das damals geläufige Wort »erkennen« verwendet. Diese Bezeichnung ist ein Paket, das sich auszupacken lohnt. Erkennen reduziert den sexuellen Akt nicht auf eine seelenlose Gymnastik, sondern deutet darauf hin, dass die körperliche Vereinigung etwas ist, das das Erkennen und Annehmen der ganzen Person beinhaltet. So ist die körperliche Liebe zwischen Mann und Frau konzipiert. Wo immer Menschen die Basis der bedingungslosen Annahme verlassen, wird die Fülle der Sexualität nicht ausgeschöpft.

So waren Joseph und Maria ein Ehepaar und Jesus war ihr erstgeborener Sohn. Die Bibel erwähnt, dass er Geschwister hatte.[40] Doch zurück zur Jungfrauenschwangerschaft, immerhin haben wir ihr

---

39 Neues Testament: Evangelium nach Matthäus, Kapitel 1, Vers 25.
40 Vgl. Neues Testament: Evangelium nach Lukas, Kapitel 8, Verse 19-21. Gemäß der Lehre mancher Kirchen handelt es sich hierbei um Cousins und Cousinen.

noch nicht den Stachel gezogen. Was hat sie zu bedeuten, wenn sie nicht die Verunglimpfung von Sexualität bedeutet?

Sie weist auf die Vaterschaft hin. So einfach ist das. Joseph ist nicht der Vater. Gott selbst ist der Vater und bewirkte die Schwangerschaft. Wenn man schon behauptet, dass Gott Mensch wurde, dann würde ein normaler Hergang bei der Zeugung überhaupt keinen Sinn machen. Diese Lösung ist logisch gesehen die einzig folgerichtige. Die Evangelien beschreiben daher in einfachen Worten, dass das Kind durch Gottes Geist gezeugt wurde mit der Erklärung: »Denn bei Gott wird kein Ding unmöglich sein.«[41] Ein allmächtiger Schöpfergott, der das nicht kann, hat keinen Anspruch auf seinen Titel.

Die Bibel spricht davon, dass Gott Mensch wurde und uns genau durch sein Menschsein auf eine Weise näherkam, die wir verstehen können. Es war seine Entscheidung, unsere Lebensrealität in Freud und Leid zu teilen und sich in jeder Hinsicht begreifbar und erlebbar zu machen.

---

41   Neues Testament: Evangelium nach Lukas, Kapitel 1, Vers 37.

10.2. J.E.S.U.S. – Stoff zum Nachdenken

Irgendwann wurde ein Kind geboren, das drei Jahrzehnte später beschloss, ein Wanderprediger zu werden. Durch seine herausragende Morallehre ging er in die Geschichte ein. Ganz so war es nicht. Die Menschwerdung Gottes passierte nicht losgelöst, sondern läuft nicht von Ungefähr zeitlich und örtlich an einem Punkt der Weltgeschichte zusammen. Dieser wurde vorab angekündigt.

Vorab heißt Hunderte von Jahren im Voraus. Was wurde gesagt? Es wurde durch verschiedene Schreiber vorangekündigt, **wer**[42] geboren und was seine **Mutter** kennzeichnen wird[43], **wann**[44] und **wo**[45] die Geburt stattfindet, **wozu** diese Person geboren

---

42 Gott, der Retter, als Kind. Vgl. Altes Testament: Prophet Jesaja, Kapitel 9, Vers 5. Jesaja lebte um ca. 700 v.Chr. In 1.Mose, Kapitel 49, Vers 10 wird zudem angekündigt, aus welchem jüdischen Stamm der Retter hervorgehen wird: aus dem Stamm Juda.

43 Vgl. Altes Testament: Prophet Jesaja, Kapitel 7, Vers 14: »Darum wird der Herr selbst euch ein Zeichen geben: Siehe, die Jungfrau wird schwanger werden und einen Sohn gebären und wird seinen Namen Immanuel nennen.« Immanuel steht hier nicht für den Personennamen, sondern für die wesensmäßige Personenbeschreibung und bedeutet »Gott mit uns«, das heißt »Gott unter den Menschen«. Die Bedeutung des Namens Jesus ist »Gott rettet«. Gott hat in der Bibel mehrere Namen, die sein Wesen beschreiben.

44 Vgl. Altes Testament: Prophet Daniel, Kapitel 9, Verse 25-26 (ca. 640–562 v.Chr.).

45 Vgl. Altes Testament: Prophet Micha, Kapitel 5, Vers 1. Dieser lebte ca. 740–670 v.Chr.

wird[46] und **wann** sie sterben wird[47]. Alle journalistischen Ws beantwortet, mehr kann auch ein gut recherchierter Zeitungsbericht nicht liefern.

Wir betrachten hier also eine Person, die nicht auf gewöhnliche Weise gezeugt wurde und über deren Leben verschiedene Propheten – teils handfeste, teils angedeutete – Einzelheiten voraussahen. Auf das gesamte Leben Jesu verteilt sind es Hunderte, oft sehr detaillierte Voraussagen. Alle finden eine Entsprechung in seinem Leben.

Alles andere als topsecret

In den Voraussagen der hebräischen Schriften forschten auch die bekannten »Weisen aus dem Morgenland«. Diese könnten Angehörige der persischen Priesterkaste gewesen sein und waren in den damaligen Wissenschaften bewandert. Anhand dessen, was ihnen vorlag, schlossen sie, dass der verheißene Messias der Juden nun geboren werden müsse. Die Angaben in den jüdischen Schriftrollen waren so stichhaltig, dass sie sich zu der langen und

---

46 Vgl. Neues Testament: Evangelium nach Matthäus, Kapitel 1, Vers 21: »Er wird sein Volk erretten von ihren Sünden.«

47 Vgl. Altes Testament: Prophet Daniel, Kapitel 9, Verse 24-26. Dieser lebte ca. 640 – 562 v.Chr. Anhand dieser Prophezeiung lässt sich errechnen, wann der der Messias getötet werden wird.

beschwerlichen Reise aufmachten. Sie wollten den angekündigten König mit eigenen Augen sehen. So folgten sie dem Stern des neugeborenen »Königs der Juden«[48], legten völlig unmotorisiert vermutlich ca. 1000 Kilometer zurück und fanden das Baby Jesus.

Den Jesus, in dessen Leben sich Hunderte Prophezeiungen erfüllten. Den Jesus, von dem auch in außerbiblischen Quellen[49] berichtet wird. Der Jude Flavius Josephus (37–100 n. Chr.) hielt beispielsweise in seinen »Jüdischen Altertümern« fest, dass Jesus Wunder wirkte, Menschen heilte, Tote zum Leben auferweckte. Er berichtet auch von seiner Kreuzigung und Auferstehung. Hier wird der Jesus vorgestellt, der von sich behauptete: Ich bin die Tür zu Gott.

Man kann glauben, dass ein Gott existiert, oder nicht. Man kann glauben, dass Gott in Jesus auf diese Erde kam, oder nicht. Aber: Wenn man alle stichhaltigen Argumente auf die Seite schiebt, die für seine Existenz sprechen, muss man viel auf die Seite schieben. Dinge, die gewichtiger sind als die eigenen Widerstände. Aus meiner Sicht ist es besser, ein zweites Mal hinzuschauen, als seinen eigenen

---

48 Vgl. Neues Testament: Evangelium nach Matthäus, Kapitel 2, Vers 2.
49 Jesus wird bspw. erwähnt von Gaius Tranquillus Sueton (69–ca. 122 n. Chr.), von Lukian von Samosata (120–180 n. Chr.), Erwähnungen der ersten Christen gibt es bei Publius Cornelius Tacitus (55–ca. 117 n. Chr.) oder Gajus Plinius Caecilius Secundus (61–113 n. Chr.). Diese Liste ließe sich fortsetzen.

Schöpfer auf die Seite zu manövrieren. Geschieht dies, so hat man sich aus Gottes Perspektive ins Abseits gestellt. Wenn du Gott beiseiteschiebst, bist du nicht auf seiner Seite, dann bleibt dein Platz im Himmel leer.[50] Und weil Gott das nicht wünscht, lässt er sich von jedem Suchenden und Prüfenden erkennen und finden. Um die Unwilligen wird er weiter werben – auch mit diesen Zeilen:

Sucht den HERRN, während er sich finden lässt;
ruft ihn an, während er nahe ist.[51]

10.3. J.E.S.U.S. – Leben und Charakter

Wer war Jesus? Sind seine Person und seine Lehre so bedrohlich, dass man sie verdrängen muss? Hier folgt sein Lebenslauf, der ihn keineswegs als Eliteabkömmling dieser Erde ausweist.

Jesus erhielt noch vor seiner Geburt den Stempel »Bastard«. Kurz darauf wurde er zum Flüchtlingskind, weil seine Eltern vor politischer Verfolgung ins Ausland fliehen mussten. Asylsuchende sind keine Erfindung unserer Zeit. Er verbrachte seine ersten

---

50 Es kann sein, dass dieser Gedanke für dich neu ist. Ich zeige dir später, dass ich ihn mir nicht selbst ausgedacht habe.
51 Altes Testament: Prophet Jesaja, Kapitel 55, Vers 6.

Lebensjahre gemeinsam mit seiner Mutter und dem Ziehvater fern von seiner Verwandtschaft in Ägypten. Erst als sein politischer Verfolger, der seinetwegen mit einem umfassenden Kindesmord eine Blutsspur durch Bethlehem und Umgebung gezogen hatte, tot war, konnte Jesus seine Heimat und sein Volk kennenlernen.

Handwerkerkind

Das Kind Jesus wuchs in einfachen Verhältnissen auf und lernte das Handwerk seines Vaters. Das geschah damals schon in jungen Jahren, und somit war der Mensch, der in den Augen vieler gleichzeitig menschgewordener Gott ist, die längste Zeit seines Lebens ein Handwerker. Offenbar war er sich dafür nicht zu schade. Er baute als Zimmermann Tische, Sessel und Häuser, als Gott baute er eine hochkomplexe Schöpfung, als Retter baut er ein zukünftiges Reich und ein ewiges Zuhause, in das er alle einlädt.

Von seiner Kindheit ist nichts bekannt, außer dass er auffallend klug war und Gelehrte sich darüber wunderten, warum er so viel Weisheit besaß, wo er doch nicht in ihr unterrichtet war.[52] Im Alter von

---

52 Vgl. Neues Testament: Evangelium nach Johannes, Kapitel 7, Vers 15.

ca. 30 Jahren begann er seine öffentliche Tätigkeit. Nun schien die Zeit gekommen, das Handwerk niederzulegen, um seine Botschaft unter die Menschen zu bringen. Dabei war er in einem relativ kleinen geografischen Gebiet aktiv. Sein Kreuzzug war ohne Gewalt, ohne Zwang und ohne Geschrei. Seine Botschaft war eine der Liebe, der Rettung und der Versöhnung.

Seiner Zeit voraus

Jesus verfasste kein Buch, mobilisierte nicht lärmend auf den Gassen, sondern er lehrte zuerst in Synagogen, dann mehrheitlich an entlegenen Orten. Dabei gebrauchte er eine einfache, bildliche Sprache. Den Applaus der Menge und die Verehrung der Menschen suchte er nie. Wollten ihn diese zum politischen Instrument machen, zog er sich zurück. Seine Wege führten ihn nicht zu den Reichen und Einflussreichen, sondern zu den Prostituierten, Schwerkranken und Nichtsnutzen seiner Zeit. Weil er kein Asket war, wurde er als »Fresser und Weinsäufer« beschimpft. Frauen behandelte er schon Jahrtausende vor der Emanzipation als ernst zu nehmende, gleichwertige und liebenswerte Gegenüber. Er war in seinen Werten unbeugsam und legte keinen Wert auf einen guten Ruf bei denen, die im Namen Gottes Karriere machten. Vielmehr hielt er ihnen einen Spiegel vor und scheute sich nicht, sie als das zu bezeichnen, was sie waren: Heuchler, blinde Blindenführer, getünchte Gräber, außen schön anzusehen und innen voller Moder.

Heiler und Lebensveränderer

Jesus verfügte über die Fähigkeit, vollständig und vollkommen zu heilen und Menschen von finsteren Einflüssen rückstandslos frei zu machen. Er löste innerliche und äußerliche Ketten und lud zu einem Neuanfang auf dem Fundament einer persönlichen, von Schuld befreiten Beziehung mit Gott ein. Er verurteilte weder eine Ehebrecherin, die andere zum Steinigen herbeizerrten, noch diejenigen, die andere ausbeuteten, um sich zu bereichern. Statt sie abzuschreiben, lud er sie ein, umzukehren und mit Gottes Kraft von dem Verhalten frei zu werden, das ihnen selbst und anderen Schaden zufügte. Äußere und innere Stürme brachte er zum Stillstand. Er bezeichnete sich als das Licht der Welt, die Wahrheit und die Essenz allen Lebens.

Er weinte über das Elend der Menschen, feierte die Hochzeit von Freunden und sorgte dafür, dass der Wein nicht ausging. Jesus schloss Freundschaften und zog sich von Trauer übermannt zurück, wenn einem seiner Freunde etwas zustieß. Er verglich sich mit einer Henne, die Menschen wie Küken unter ihren sicheren Flügeln sammeln wollte, und trauerte, wenn seine Geschöpfe nicht bei ihm Schutz suchen wollten.

Herrscher über die Naturgewalten

Jesus litt manchmal Hunger, war erschöpft und müde, lachte, weinte und kannte die Nöte der menschlichen Seele. Er war durch und durch Mensch, und doch war er viel mehr. So fragten sich auch die von ihm gewählten Wegbegleiter: »Was für einer ist dieser, dass auch die Winde und der See ihm gehorchen?«[53] Wie konnte es sein, dass er Befehlsgewalt über die Natur hatte? Viele Menschen betrachten die Natur als Gott. Wer ist Jesus, dass ihm selbst der Wind und die Wellen gehorsam sind? Steht er etwa über der Natur?

Den Zeitgenossen von Jesus waren dessen Taten oft eine Nummer zu groß. Das Etikett »Prophet« schien an dem Zimmermann zu klein. Gleich-

---

53 Neues Testament: Evangelium nach Matthäus, Kapitel 8, Vers 27.

zeitig suchte er keinen Ruhm in der Gesellschaft und sprach davon, dass sein Herrschaftsbereich nicht von dieser Welt sei, sondern von der, die noch kommen wird. Laut Jesus kommt also noch etwas.

Dieses Leben ist erst der Anfang von viel mehr, und egal wie erfüllend, beladen, herausfordernd dein Leben auch sein mag: Es ist der Anfang von etwas viel Größerem. Es sind zwei Zentimeter eines Seils, das niemals endet. Deshalb ist es auch so wichtig, über diese zwei Zentimeter hinaus zu denken.

Jesus bezeugte in Wort und Tat, dass Gott Mensch geworden ist, um den Menschen zu dienen und sein Leben als Lösegeld für viele hinzugeben.[54] Er wollte selbst nicht bedient werden, lebte bescheiden, ohne Einkommen und festen Wohnsitz.[55] Er sprach davon, dass es wichtiger sei, sich Schätze im Himmel zu sammeln als auf der Erde. Für ihn war jede Menschenseele ein kostbarer Schatz, für die er bereit war, den Höchstpreis zu bezahlen. Auch für dich.

---

54 Vgl. Neues Testament: Evangelium nach Markus, Kapitel 10, Vers 45: »Denn auch der Sohn des Menschen ist nicht gekommen, um bedient zu werden, sondern um zu dienen und sein Leben zu geben als Lösegeld für viele.«

55 Vgl. Neues Testament: Evangelium nach Lukas, Kapitel 9, Vers 58: »Und Jesus sprach zu ihm: Die Füchse haben Höhlen und die Vögel des Himmels Nester, aber der Sohn des Menschen hat nicht, wo er das Haupt hinlege.«

Hart gegen die Religiösen

Jesus war liebevoll mit den Ausgegrenzten, aber oft hart im Urteil mit den Frommen, deren Religiosität einzig im Halten von Geboten und in der religiösen Unterdrückung anderer bestand. Wenn Menschen es nicht vertrugen, ihr Verhalten direkt gespiegelt zu sehen, benutzte er Geschichten, um Wahrheiten zu verdeutlichen. Die Botschaften kamen an und schürten zunehmend den Zorn der religiösen Elite, denen Jesus einen unliebsamen Spiegel vorhielt.

In der Bergpredigt[56] gab er der Definition von Recht und Unrecht eine neue Dimension. Ehebruch beginne bereits im Kopf, der Keim vom Mord liege im Zorn und seine Freunde zu lieben sei keine Leistung. Jesus forderte vielmehr Feindesliebe und die Vergebung jeder erlebten und empfundenen Ungerechtigkeit – noch am selben Tag. Wie viel Leid könnte im Keim erstickt werden, wie viele Tränen könnten uns erspart bleiben, wenn noch am selben Tag die Aussprache erfolgen würde? Wie viele Familienspaltungen, seelische Narben und Isolierung würden an uns vorbeigehen? Oft wird gesagt, dass in der Religion der Keim für Gewalt und Krieg liege. Ich kann ihn in Jesu Worten nicht finden. In Jesu

---

56 Berühmt und lesenswert: Neues Testament: Evangelium nach Matthäus, Kapitel 5.

Welt ist der am größten, der den anderen am meisten dient. Zu den anderen zählen Freund und Feind gleichermaßen.

Jesus rief dazu auf, diejenigen zu segnen, die einen verfluchen. Wer dies berücksichtigt, durchbricht den Kreislauf von Hass und Bitterkeit. Almosen sollten unbemerkt von öffentlichen Applaudierern im Verborgenen gegeben werden. Von den Menschen geehrt zu werden, sollte nicht das Motiv unserer Handlungen sein. Unsere moderne Selbstvermarktung folgt anderen Regeln, und doch liegt nach dem Wanderprediger ein Schlüssel zur Freiheit darin, dass man auf das Komplimentefischen verzichtet. Öffentlicher Zuspruch macht uns nicht reich, sondern abhängig. Der Drang nach dem Applaus der Menschen kann ohnehin nie gestillt werden.

Provokation mit Folgen

Jesus sprach nicht nur von hoher Moral, er verkörperte sie auch. Bei seiner Verhandlung konnten selbst seine Feinde ihm mit den gekauften Zeugen keinen Fehltritt nachweisen. Die Ankläger verstrickten sich in Widersprüche, sodass selbst der Richter, der geneigt war, das Schuldurteil auszusprechen, dies nicht tun konnte.

Was brachte Jesus letztendlich gefoltert und gepeinigt ans Kreuz? Worin bestand sein Verbrechen? Sein Verbrechen bestand darin, dass er behauptete, Gottes Sohn zu sein. Es gibt Stimmen, die darauf beharren, dass Jesus diesen Anspruch niemals erhoben habe. Die Evangelien berichten jedoch an verschiedenen Stellen darüber, dass Jesus sich offen deklarierte. Er sagte öffentlich, dass Gott in ihm Mensch geworden sei.[57] Der Ewige hat das Zeitliche besucht. Im Alten Testament gibt es verschiedene Gottesnamen. Gott offenbarte sich selbst unter dem einfachen, aber alles umfassenden Namen »Ich bin«. Dieser Name schließt seine Allgegenwart mit ein. Das gibt folgender Aussage Sprengkraft und Bedeutung:

Jesus sprach zu ihnen: Wahrlich, wahrlich,
ich sage euch: Ehe Abraham wurde, bin ich.[58]

Was sich heute nach einer grammatischen Fehlkonstruktion anhört, verstanden die Juden als eindeutigen Anspruch Jesu, Gott zu sein. Deshalb wollten sie ihn auf der Stelle steinigen. Doch seine Zeit

---

57 Vgl. Neues Testament: Evangelium nach Johannes, Kapitel 10, Vers 30 und Kapitel 14, Vers 9; Evangelium nach Matthäus, Kapitel 26, Verse 63-64.
58 Neues Testament: Evangelium nach Johannes, Kapitel 8, Vers 58.

war noch nicht gekommen und er entkam seinen Mördern. Vor seinem letzten Tribunal schwieg er – bis auf wenige Aussagen. Der Hohepriester stellte die Frage: »Bist du der Christus, der Sohn des Gepriesenen?« Darauf antwortete er: »Ich bin es. Und ihr werdet den Sohn des Menschen zur Rechten der Macht sitzen und mit den Wolken des Himmels kommen sehen.«[59]

Und wieder: Gott in Menschengestalt! Das war für die Hüter des Glaubens eine eindeutige Gotteslästerung. Obwohl in ihren alten Schriften ein Retter angekündigt war, passte Jesus menschlich betrachtet nicht in ihr Konzept. Weil es nicht nach ihrem Kopf ging, kostete es Jesus den Kragen.

Nach etwa drei Jahren seines öffentlichen Wirkens ließen die Schriftgelehrten Jesus brutal ans Kreuz schlagen. Dort betete der vermeintliche Gotteslästerer für seine Verfolger: »Vater, vergib ihnen, denn sie wissen nicht, was sie tun!«[60] Sie wissen nicht, dass sie ihren eigenen Schöpfer ans Messer liefern. Jesu Feindesliebe war keine Schönwetterpredigt, sie hielt selbst seinen eigenen, körperlichen Schmerzen stand.

An seinem Hinrichtungsort war er von der Mehrheit seiner Anhänger und Freunde verlassen. Eine

---

59 Neues Testament: Evangelium nach Markus, Kapitel 14, Verse 61-62.
60 Neues Testament: Evangelium nach Lukas, Kapitel 23, Vers 34.

Frau, die durch das schlimmste Tal ihres Lebens ging, harrte zu den Füßen ihres entwürdigten und sterbenden Sohnes aus: Maria. Wie gerne hätte sie ihm wohl seine Schmerzen abgenommen? Machtlose Verzweiflung schnürte ihr die Kehle zu. Unverständnis über die Verkehrtheit der Situation lähmte sie. Wie konnte das nur passieren, wenn man bedenkt, wer Jesus war? Ging irgendetwas an dieser Stelle gewaltig schief? Und überhaupt: Mein Sohn, mein Sohn!

Jesus sah sie in seinen Schmerzen und vertraute sie atemringend seinem Freund Johannes an. Dieser besaß das rechte Herz. Johannes sollte für Maria sorgen und sie wie eine Mutter annehmen und sie ihn wie einen Sohn.

Gott offenbart sich hier als jemand, der keine Not übersieht. Nicht die Not einer Frau, die Ja sagte zu ihrer großen Verantwortung und ihrem schweren Weg. Jesus übersieht aber auch die Not jener zwei Verbrecher nicht, die neben ihm an Kreuzen dafür büßen mussten, dass sie sich nicht um Recht und Unrecht geschert hatten. Sein Herz schlug auch für diese Männer, die sein Schicksal teilten. Die beiden wurden gemeinsam mit ihm hingerichtet – einer zu seiner linken Seite und einer zu seiner rechten. Einer von ihnen blieb dabei, ihn zu verfluchen, der andere öffnete sich in seinen letzten Atemzügen für Jesus. Er erkannte, dass er nach seinem Tod nichts vorzuweisen hatte. Er brauchte Rettung. Er brauchte Hilfe. »Denk an mich, wenn du in dein Reich kommst!« Ein Hilfeschrei. Eine Kapitulation. Was sagt nun Jesus? Wie antwortet der, der behauptete, er sei der Weg und die Tür zum Himmel? Jesus erwiderte ihm: »Wahrlich, ich sage dir: Heute wirst du mit mir im Paradies sein.«[61] Heute wirst DU mit MIR im Paradies sein.

Jesus wird für den Verbrecher zum Tor ins ewige Leben. Gott sagt nicht, du warst nicht fromm, du warst nicht gut genug, du hättest dich öfter in der Kirche blicken lassen sollen. Er sagt: Nimm meine Hand. Schnell, noch ist es nicht zu spät für die Rettung deiner Seele. Wo ist so ein Mensch zu finden? Wo so ein Charakter? Wer mich sieht, sieht den Vater, sprach Jesus. Das ist das Wesen Gottes.

Der Feindeslieber hatte viele Feinde. Was er aber noch viel mehr hat, sind Heerscharen von Gleichgültigen, Desinteressierten und Abgelenkten, die ihn links liegen lassen und sich nicht für ihn interessieren. Wenn auch viele eine spirituelle Erfahrung suchen, suchen die wenigsten nach Wahrheit. Jesus sagte: Ich bin die Wahrheit.

---

61 Neues Testament: Evangelium nach Lukas, Kapitel 23, Verse 42-43.

Gott weist sich als die vertrauenswürdige Mutter Henne aus. Jesus selbst verwendete dieses Bild, als er seinem Schmerz über die Menschen in Jerusalem Raum machte, die vor seinem Rettungsangebot Herz und Augen fest verschlossen:

Jerusalem, Jerusalem, die da tötet die Propheten und steinigt, die zu ihr gesandt sind! Wie oft habe ich deine Kinder versammeln wollen wie eine Henne ihre Brut unter ihre Flügel, und ihr habt nicht gewollt![62]

Ein Küken, das Mutter Henne links liegen lässt, befindet sich auch dann außerhalb von Mutters Schutzzone, wenn Gefahr droht. Es ist nicht in der Wärme, es ist nicht in Sicherheit. So ist das auch mit Menschen und Gott. Wo bist du?

Gott gibt Hinweise bezüglich seiner Existenz, an denen wir unseren Verstand festmachen können, zum Beispiel erfüllte Prophetien und die Genialität und Komplexität der Schöpfung. Gott lässt aber auch sonst nichts unversucht. Als Mensch weckte er Tote auf, machte Blinde sehend, Lahme gehend und schenkte Tauben das Gehör. Er verkündigte eine Botschaft der Hoffnung und bietet bis heute ewiges Leben als Geschenk an. Aber für ein Geschenk

---

62 Neues Testament: Evangelium nach Lukas, Kapitel 13, Vers 34.

muss man die Hände öffnen. Ebenso wie das Küken unter das Gefieder der Henne schlüpfen muss, um in Sicherheit zu sein. Da braucht es Füße, die sich in Bewegung setzen. Der Verbrecher musste kapitulieren und erkennen, dass er auf sich geworfen keine Chance hatte.

Diese Erkenntnis ist auch heute der Beginn einer unendlichen Geschichte mit Happy End. Doch bei Jesus wehrt sich instinktiv unser Autonomiebestreben. Wir wollen niemanden brauchen, wir wollen unser eigenes Ding machen. Die damals Religiösen vertrugen Jesu Anspruch, Gott zu sein, genauso wenig, wie viele Menschen ihn heute vertragen. Was nicht sein darf, ist nicht. Die alte Logik ist die neue Logik. Jesus störte auch mich. Damals.

An Jesus scheiden sich seit 2000 Jahren die Geister. Und das, obwohl unser natürliches Empfinden von Recht und Unrecht seiner Lehre Recht gibt. Offenbar ist das menschliche Gewissen eine Software, die auf die Logik ihres Programmierers reagiert. Ob sie will oder nicht.

Trotzdem ist Gott für viele kein Thema. Was müsste ein Gott, der Mensch geworden und gestorben ist, denn noch tun, damit wir an ihn glauben? Aus den Toten auferstehen? Bingo.

10.4. J.E.S.U.S. – Der Mensch, den alle Macht der Welt nicht im Grab halten konnte

Eines muss man Jesus lassen. Er ließ seine Freunde nicht im Dunkeln tappen. Gott stellt sich generell nicht als Geheimniskrämer vor – er tut seine Pläne kund und lässt sich Stück für Stück erkennen. »Das Alpha und das Omega« legt Spuren und gibt Hinweise auf seine Existenz, den Anfang und den Ausgang aller Dinge. Und häufig spricht er ganz praktisch in ein Leben hinein und klopft direkt an die Herzenstür an. Die ewigen Angelegenheiten sind also keine Pralinenbox: Es ist möglich zu wissen, was man bekommt. Hier und auch nach Ablauf der zwei Zentimeter Lebenszeit.

Nachdem Jesus seine Anhänger in mehreren Anläufen auf seinen bevorstehenden Tod vorbereitet hatte, sagte er voraus, dass er nach drei Tagen auferstehen würde. Nicht abstrakt geistlich und unsichtbar (und somit nicht nachweisbar) in die nächste Sphäre, sondern leibhaftig nach drei Tagen, mit dem verstorbenen, neu zum Leben erwachten Leib. Diese Ankündigung änderte nichts daran, dass seine verängstigte Mannschaft bei seiner Festnahme die Flucht ergriff und der Traum ihres Messias fürs Erste geplatzt war. Auch sie konnten nicht glauben, was für sie zunächst keinen Sinn machte. Wenn das kein Trost für uns Zweifler ist! Auch den Jüngern fehlte ein Stück Erkenntnis, ein Stück Information. So wie vielleicht dir in diesem Augenblick.

Strengstens bewacht

Jesu Vorankündigung der Auferstehung war keine Geheimbotschaft, sondern eine Information, die der religiösen Elite zu Ohren gekommen war. Von diesem Wissen rührten auch die Vorsichtsmaßnahmen, die rund um die Bewachung seines Leichnams angeordnet wurden. Und diese waren wasserdicht. Eine ganze Wache römischer Soldaten bewachte das versiegelte Grab mit Jesu Leichnam, damit es niemandem gelingen möge, den Verstorbenen zu stehlen und zu behaupten, dass er auferstanden sei. Die Versiegelung bedeutete, dass jeder, der es wagte, das Siegel zu brechen, dafür mit dem Tod bezahlen musste. Auch die Soldaten.

Am folgenden Tag aber, der nach dem Rüsttag ist, versammelten sich die Hohenpriester und die Pharisäer bei Pilatus und sprachen: Herr, wir haben uns erinnert, dass jener Verführer sagte, als er noch lebte: Nach drei Tagen stehe ich wieder auf. So befiehl nun, dass das Grab gesichert werde bis zum dritten Tag, damit nicht etwa seine Jünger kommen, ihn stehlen und dem Volk sagen: Er ist von den Toten auferstanden; und die letzte Verführung wird schlimmer sein als die erste. Pilatus sprach zu ihnen: Ihr habt eine Wache; geht hin, sichert es, so gut ihr könnt. Sie aber gingen hin, und nachdem sie den Stein versiegelt hatten, sicherten sie das Grab mit der Wache.[63]

Da stand nun eine Abordnung Soldaten bis zu den Zähnen bewaffnet und bürgte mit ihrem Leben dafür, dass der Tote tot blieb. Eine einfache Aufgabe für eiserne, im Kampf erprobte Männer, möchte man meinen. Doch weil Jesus das Leben ist, konnte die Demonstration römischer Stärke ihn nicht daran hindern, von den Toten aufzuerstehen und das Grab zu verlassen. Das Unmögliche, das nicht sein durfte, traf ein und holte sich nicht die Genehmigung der Mächtigen und Gelehrten. Der Ursprung allen Lebens ergriff das Leben. Das Grab war nach drei Tagen plötzlich leer, der Leichnam verschwunden und die römischen Legionäre in Erklärungsnot. In einer spontanen Begründung verkündete man öffentlich, dass sich alle Legionäre (zeitgleich) in so tiefem Schlaf befunden hätten, dass die traumatisierten Jünger den wuchtigen Stein zur Seite wälzen und

---

63 Neues Testament: Evangelium nach Matthäus, Kapitel 27, Verse 62-66.

den Leichnam rauben konnten. Ohne dabei auch nur einen der Krieger zu wecken. Das waren also die hart gesottenen Kämpfer, die mit eiserner Hand ein Riesenreich unterjochten? Gab es hier keine Schichtwache? Und macht so etwas keinen Lärm? Diese Version ist nur glaubhaft, wenn das andere partout nicht sein darf. Das Schema ist vertraut. Was nicht sein darf, ist nicht passiert.

Quicklebendig

Der nachweislich gestorbene Jesus verließ nicht nur unter mysteriösen Umständen lebendig sein Grab, er zeigte sich auch über einen Zeitraum von vierzig Tagen seinen Jüngern und aß und trank mit ihnen. Die Wunden, die er bei seiner Kreuzigung erhalten hatte, waren sichtbar.

Während sie aber dies redeten, trat er selbst in ihre Mitte und spricht zu ihnen: Friede euch! Sie aber erschraken und wurden von Furcht erfüllt und meinten, sie sähen einen Geist. Und er sprach zu ihnen: Was seid ihr bestürzt, und warum steigen Gedanken auf in eurem Herzen? Seht meine Hände und meine Füße, dass ich es selbst bin; betastet mich und seht, denn ein Geist hat nicht Fleisch und Gebein, wie ihr seht, dass ich

habe. Und als er dies gesagt hatte, zeigte er ihnen die
Hände und die Füße. Als sie aber noch nicht glaubten
vor Freude und sich verwunderten, sprach er zu ihnen:
Habt ihr hier etwas zu essen? Sie aber reichten ihm ein
Stück gebratenen Fisch und von einer Honigscheibe;
und er nahm es und aß vor ihnen.[64]

Eines ist klar: Ein Geist kann ebenso wenig essen wie ein Toter. Jesus zeigte sich auch vielen anderen Menschen – mit erstaunlichen Resultaten. Die Begegnung mit dem auferstandenen Jesus verwandelte mutlose Menschen in mutige Verbreiter des Evangeliums. Bei der Gefangennahme ihres Anführers im Garten Gethsemane stoben noch alle Jünger verschreckt auseinander. Krank vor Angst fürchteten sie, dass sie das gleiche Schicksal ereilen würde wie ihr Meister. Hatten sie sich geirrt und einer Lüge geglaubt? Wie konnte es sonst sein, dass der, der sich das Leben nannte, dieses gewaltsam lassen musste?

---

64 Neues Testament: Evangelium nach Lukas, Kapitel 24, Verse 36-43.

Endlich die große Perspektive

Erst nach der Auferstehung verstanden die Jünger das Gesamtbild. Nach einem 40-tägigen Intensivkurs des auferstandenen Jesus leuchtete ihnen ein, warum die Dinge kommen mussten, wie sie gekommen waren. Manche Erkenntnisse brauchen eben Zeit, auch bei uns. Endlich schloss sich der Kreis. Den Jüngern wurde klar, warum nur die Kreuzigung das fehlende Puzzleteil in Gottes Geschichte mit seinen Geschöpfen sein konnte. Genau dieses große, schreckliche Fragezeichen war seit Ewigkeiten der geplante Brückenkopf für uns Menschen zu Gottes Welt. Keine Sorge, wenn du es jetzt noch nicht verstehen kannst.

Doch blicken wir noch einmal auf die Jünger. Eben noch völlig entmutigt, trugen sie nun mit voller Kraft Gottes gute Botschaft in die Welt hinaus und riefen zur Umkehr auf. »Wir bitten an Christi statt: Lasst euch versöhnen mit Gott!«[65] Sie schreckten selbst angesichts ihres eigenen Todes nicht mehr davor zurück, zu dem zu stehen, was sie mit eigenen Augen gesehen und erlebt hatten. Nun war die Motivation da. Die persönliche Gewissheit wurde zum Motor und zur Triebkraft ihres wagemutigen Glaubens.

---

65 Neues Testament: 2. Brief an die Korinther, Kapitel 5, Vers 20.

Das Erlebte verwandelte einfache, traumatisierte Männer in zielstrebige Botschafter. Weil er seinem Glauben nicht abschwören wollte, berichtet die Apostelgeschichte vom gewaltsamen Tod des Apostels Jakobus. Sein Ende war kein Einzelschicksal. Der Überlieferung nach ließen elf der zwölf Apostel ihr Leben für ihre Überzeugungen. Keiner schreckte mehr zurück. Sie hatten vor Augen, was ewig Bestand hat – wie Stephanus, der zur Stunde seiner Steinigung den Himmel geöffnet sah.[66]

Die Auferstehung ist ein viel untersuchtes historisches Ereignis. Dr. Paul L. Maier, Professor für Alte Geschichte an der Western Michigan University, kam zu folgendem Ergebnis: »Wenn man alle Zeugnisse sorgfältig und fair abwägt, ist es nach den Gesetzen der historischen Forschung tatsächlich gerechtfertigt zu schließen, dass das Grab, in dem Jesus bestattet worden war, am Morgen des ersten Ostertages wirklich leer war. Nicht die Spur eines Beweises ist bisher in den literarischen Quellen, Inschriften oder der Archäologie gefunden worden, die diese Feststellung widerlegen könnte.«[67] Und so ist es bis heute geblieben.

---

66 Vgl. Neues Testament: Apostelgeschichte, Kapitel 7, Vers 55.
67 McDowell, Josh: *Die Tatsache der Auferstehung*, Bielefeld: CLV, 2013, S. 18.

Das Grab war leer, damit der, der es verlassen hatte, über vielen Gräbern Freude aufgehen lassen konnte.

10.5. J.E.S.U.S. –
Wer braucht schon einen Erlöser?

Jesus mag eine beeindruckende Person gewesen sein, aber was nützt mir ein Erlöser? Um das zu erklären, machen wir einen kurzen Exkurs und werfen einen Blick in ein vertrautes Gebiet, die Wirtschaft. In der Wirtschaft ist klar: Die Nachfrage bestimmt das Angebot. Wenn von heute auf morgen Holzpantoffeln ein Revival erleben, dann werden sie bald in allen Farben des Regenbogens aus den Schaufenstern lachen.

Marketingspezialisten vermessen laufend die Welt ihres goldenen Kalbes, der Konsumenten. Sie bieten, was gefragt ist und was den Käufern, Anwendern und Kontoinhabern Nutzen stiftet. Denn nur was nützt, wird letztendlich konsumiert – auch wenn der Nutzen ausschließlich darin besteht, das eigene Ego zu stärken. Und weil dieser Umstand nicht umsonst in diesem Kapitel die Einleitung ist, wiederhole ich: Der erkannte und empfundene Nutzen bestimmt die Nachfrage, und ich zeige dir, was dir ein Erlöser nützt.

Brauche ich einen Erlöser?

Was nützt mir ein Erlöser, warum sollte ich ihn brauchen? Dass das Wissen darüber verloren gegangen ist und die Notwendigkeit kaum mehr kommuniziert wird, ist einer der Gründe, warum die Nachfrage nach Jesus homöopathische Ausmaße angenommen hat. Was bringt mir ein Erlöser? Was bringt mir ein Retter? Brauche ich ihn? Wovon muss ich überhaupt erlöst und errettet werden, mir geht es doch eigentlich ganz gut! Im Großen und Ganzen, und den Rest kriege ich auch noch irgendwie hin. Sind das deine Fragen? Sie sind gut. Um sie zu beantworten, müssen wir allerdings ein heißes Thema behandeln. Packen wir den Stier bei den Hörnern!

XI. Wie ein Reizwort zum Schlüssel wird

Sie wird aber einen Sohn gebären,
und du sollst seinen Namen Jesus nennen;
*denn er wird sein Volk erretten von ihren **Sünden**.*[68]

Jetzt ist es raus: Der Stier heißt Sünde, und wenn dieses Kapitel für dich ein rotes Tuch ist, dann kann ich das verstehen. Einerseits betrachtet sich niemand gerne als Sünder, schon gar nicht gut erzogene Bürgerinnen und Bürger, die sich um eine positive Lebensbilanz bemühen, wie wir. Andererseits ist Sünde für viele ein veraltetes Konzept, mit dem sie nichts anfangen können. Nach Spaßverderben riecht der Begriff sowieso und den Perfektionsanspruch hat man längst begraben. Durch das Kapitel müssen wir trotzdem, denn in diesem scheinbaren Reizwort liegt der Schlüssel zu unserer Geschenkbox. Selbst bei einem alten und verschrammten Schlüssel zählt am Ende nur, ob er passend ist und in unserem Fall das Verständnis dafür aufschließt, warum wir Rettung brauchen.

---

68   Neues Testament: Evangelium nach Matthäus, Kapitel 1, Vers 21.

Wenn die Bibel über Sünde als Prinzip spricht, meint sie die Entfremdung des Menschen und unserer Verhaltensweisen von Gott. Dies wird auch als Gesetzlosigkeit bezeichnet und entspringt dem Umstand, dass der Mensch seinen eigenen Weg gehen möchte. Das Schlagwort hierzu wäre maximale Autonomie. Und die ist nicht ohne Folgen. Wie eine Quelle einen Fluss speist, der später Seitenarme bildet, mündet die Gottesferne des Menschen in Verhaltensweisen, die ihren eigenen Verlauf nehmen. Im Kern sind diese Verhaltensweisen selbstbezogen und nicht Gott-bezogen. Vielleicht denkst du jetzt, dass selbstbezogenes Verhalten normal ist, das machen doch alle so. Wir erleben das Losgelöstsein vom Gesetzgeber tatsächlich als Normalzustand. Menschen verspüren kein schlechtes Gewissen, weil sie Gott aus ihrem Leben ausgeklammert haben, er war ja noch nie richtig eingeklammert. Gemäß der Bibel ist dieser Umstand aber so unnatürlich, wie er nur sein kann, die Tragödie der Menschheit schlechthin. Der Urheber ist seinem Geschöpf ein Unbekannter geworden und die Folgen sind allerorts zu sehen.

Trotz Autonomie lässt sich die Handschrift des Schöpfers in dem ablesen, wie wir Verhalten moralisch bewerten. Auf der täglichen Ebene ist Sünde nämlich der Verstoß gegen eine bekannte Anordnung, beispielsweise gegen eines der Zehn

Gebote. An den Zehn Geboten lässt sich ablesen, wie Gott sich das Zusammenleben seiner Geschöpfe vorstellt und vor welchen Angriffen er den Einzelnen schützen möchte. Wird gelogen, gestohlen oder gemordet, dann gibt es auch in säkularen Gesellschaften keine Debatte. Ein solches Fehlverhalten verurteilen wir klar, ein Schuldiger wird zur Rechenschaft gezogen. Auf dieser Ebene decken sich Schuld und Sünde mit unserem moralischen Verständnis, das wiederum gottgegeben ist.

Am Ziel vorbei

Die unterschiedlichen im Neuen Testament für Sünde verwendeten Begriffe könnten mit »vom rechten Kurs abkommen«, »Übertretung«, »eine Grenze überschreiten« wiedergegeben werden. In dem Moment, wo man in diesem Sinn sündigt, lebt man an Gottes Ziel, an den von ihm abgesteckten Grenzen des Flusslaufs vorbei. Diese »Zielverfehlung« bezieht sich nicht auf meine persönlichen Ziele im Leben, sondern auf das Ziel Gottes mit mir und berührt die Frage, wozu ich auf der Welt bin. Welches Ziel hat Gott mit mir? Ein interessanter Gedanke, der für Menschen wie mich, die treu wie der Mond um den eigenen Ego-Planeten kreisen, erst einmal neu ist. Ich bin nicht für mich, sondern für Gott geschaffen. Deshalb besteht das größte und erste Gebot für den Menschen darin, sich auf Gott auszurichten, und wenn dies geschieht, macht ihn das innerlich ganz und glücklich. Der Mensch wird seiner Bestimmung zugeführt. Gott ist die bessere Hälfte, das Ergänzungswesen des Menschen. Das Sich-auf-Gott-Ausrichten ist kein abstrakter Akt, sondern einer, der mit Kraft und Liebe gefüllt ist. Auf die Frage nach dem größten Gebot antwortete Jesus:

Er aber sprach zu ihm: »Du sollst den Herrn, deinen Gott, lieben mit deinem ganzen Herzen und mit deiner ganzen Seele und mit deinem ganzen Verstand.« Dieses ist das große und erste Gebot. Das zweite aber, ihm gleiche, ist: »Du sollst deinen Nächsten lieben wie dich selbst.«[69]

Wer Gott in dieser Gründlichkeit liebt und seinen Mitmenschen so herzlich und wohlwollend zugetan ist, erfüllt gemäß der zitierten Stelle Gottes Maßstab. Ich weiß nicht, wie es dir geht, aber ich falle hier augenblicklich durch den Rost. Dabei schneide ich im Schnitt nicht so schlecht ab – wenn ich meinen Standard heranziehe.

---

69 Neues Testament: Evangelium nach Matthäus, Kapitel 22, Verse 37-40.

Ich bemühe mich und das muss reichen.

Menschen wie ich (und du) suchen das Gute. Wir lassen unseren Kindern eine werteorientierte Erziehung angedeihen, sind tolerant und freundlich zu unseren Mitmenschen (solange diese freundlich zu uns sind) und spenden auch mal Kleingeld für ein wohltätiges Hilfsprogramm in Afrika. Steuern entrichten wir (dort wo es Sinn macht und sie uns nicht automatisch abgezogen werden), Geschwindigkeitsbegrenzungen halten wir unter demselben Prinzip ein und wir haben weder jemanden getötet noch eine Bank ausgeraubt. Vielleicht ist diese erfreuliche Bilanz dem Umstand zuzuschreiben, dass wir niemals mit Zähnen und Klauen das Leben unserer Kinder verteidigen mussten, zu keiner Zeit Hunger litten, in schicken Wohnungen Urlaube planen und unser Gehalt und Eigentum von der Verfassung und einer funktionierenden Exekutive geschützt wissen. Wagen wir ein gedankliches Experiment. Was käme zum Vorschein, wenn es nicht so wäre? Wenn alle Gesetze von einem Tag auf den anderen außer Kraft treten und unsere einst so braven Nachbarinnen und Mitbürger plündernd durch die Straßen ziehen? Würden wir dann immer noch unerschütterlich an unseren Werten festhalten? Ich zweifle daran. Unter Druck wird deutlich, dass man längst nicht so ehrenhaft ist, wie man es gerne hätte. Wenn die Ungerechtigkeit überhandnimmt, erkaltet bei den meisten die Liebe, sagt uns die Bibel.[70] Gut, dass wir in einem Land leben, in dem es möglich ist, unsere guten Eigenschaften zu kultivieren. Aber selbst im Friede-Freude-Eierkuchen-Kontext verfehlen wir Gottes Maßstab. Im Jakobusbrief erfahren wir:

Wer nun weiß, Gutes zu tun, und tut es nicht, dem ist es Sünde.[71]

Was denn noch alles?

Eine Gelegenheit, Gutes zu tun, ungenützt verstreichen zu lassen, ist Sünde. Hallo? Nichts Gutes unversucht lassen? Wie soll das gehen bei dem Pensum, das man täglich zu stemmen hat? Irgendwie rutscht Gottes Latte immer höher, sodass wir sie mit keinem Hochsprungstab erreichen können. Wenn du jetzt rufst: »Ja, wer soll denn das schaffen?«, dann antwortet dir die Bibel: Keiner. Im Römerbrief steht unverblümt, dass alle von Gottes Maßstab ab-

---

70 Vgl. Neues Testament: Evangelium nach Matthäus, Kapitel 24, Vers 12: »Und weil die Gesetzlosigkeit überhandnimmt, wird die Liebe der Vielen erkalten.«
71 Neues Testament: Brief des Jakobus, Kapitel 4, Vers 17.

gewichen sind, dass es keinen gibt, der Gottes Standard erfüllt, auch nicht einen. Daran hat sich seit der Abfassung nichts geändert.

> *Alle sind abgewichen, sie sind allesamt untauglich geworden; da ist keiner, der Gutes tut, da ist auch nicht einer.*[72]

Untauglich! Bist du empört? Es gibt doch zwischen all den Schlagzeilen, die uns täglich erreichen, das Gute. Das taugt doch etwas. Ja, es gibt das Gute und es gibt sehr viel Positives und Lobenswertes an dem, was du täglich tust. Aber Gottes Maßstab ist ein anderer.

> *Denn wer das ganze Gesetz hält, aber gegen ein einziges Gebot verstößt, der hat sich damit gegen das ganze Gesetz vergangen.*[73]

Es tut mir leid, wenn du dich an dieser Stelle aufregen musst. Gottes Latte liegt einfach in schwindelerregender Höhe, und das Fatale ist, dass etwas in der menschlichen Natur zu stecken scheint, das es schlichtweg unmöglich macht, diese Latte zu erreichen. Etwas krankt. Bitte wirf trotzdem nicht das

---

72 Neues Testament: Brief an die Römer, Kapitel 3, Vers 12.
73 Neues Testament: Brief des Jakobus, Kapitel 2, Vers 10 (Menge 2020).

Handtuch. Ich frage an deiner Stelle: Kann man die Latte nicht tiefer legen? Wenn Gott doch weiß, dass wir es nicht schaffen!

Glaub mir, dass ich mit jeder empörten Seele mitfühlen kann – mit dem Vorteil, dass ich das Ende der Geschichte bereits kenne. Dass ich weiß, dass es die Lösung gibt, diesen gewaltigen Stabhochspringer, der mich unter seinem Arm unbeschadet über die Latte manövriert, auch wenn es ihn sein Leben kostet. Dass ich gar nicht selbst springen muss. Ehe ich dir die Frage beantworte, ob Gott die Latte tiefer legen kann, muss ich das Argument der Bibel an die Spitze treiben. Es ist nämlich nicht nur so, dass wir Gottes Maßstab niemals gerecht werden können, es ist auch so, dass es dafür eine schreckliche Konsequenz gibt.

Denn der Lohn der Sünde ist der Tod.[74]

Todesstrafe. Für dich und mich. Weil wir nicht schaffen, was niemals zu schaffen ist. Das ist die halbe Wahrheit und ganz bewusst der halbe Vers. Ich muss dich leider ein wenig zappeln lassen, ehe ich dir erzähle, wie es weitergeht. In der zitierten Stelle wird nicht von dem natürlichen Tod gesprochen, der uns

---

74 Neues Testament: Brief an die Römer, Kapitel 6, Vers 23.

an einem nur von Gott bekannten Tag bevorsteht, sondern von dem geistlichen Tod, der Trennung von Gott. In diesem Zustand befinden wir uns gemäß der Lehre von Jesus jetzt schon. Wir müssen nichts mehr dazu beitragen, und wer darin verharren möchte, mache einfach weiter wie bisher. Das ist der gefühlte Normalzustand, der uns so vertraut ist. Getrennt von Gott im Leben heißt, auf sich selbst geworfen zu sein, getrennt von Gott im Tod heißt, nicht im Himmel zu sein. Da gibt es laut Jesus noch diesen anderen Ort, wo das Weinen und Zähneknirschen zu Hause ist, wie es an sieben verschiedenen Stellen der Bibel erwähnt wird.[75] Ist die Situation noch zu retten? Ja.

Aber erst möchte ich zu der Frage zurückkehren, ob Gott seine Ansprüche nicht herunterschrauben könnte. Die Antwort ist Nein. Gott ist bis in die letzte Faser vollkommen und damit anders als wir – er ist ohne Sünde. Gott ist heilig. Was bedeutet das? Heilig bedeutet göttlich vollkommen, unantastbar. Heilig heißt auch ohne Fehler, absolut rein. Wenn heilig eine Farbe wäre, dann wäre sie durchdringend weiß, ohne ein Körnchen grau. Gottes Reinsein beinhaltet die Abwesenheit jeglicher Sünde.

---

75 Vgl. Neues Testament: Evangelium nach Matthäus, Kapitel 8, Vers 12; Kapitel 13, Vers 42 und Verse 49-50; Kapitel 22, Vers 13; Kapitel 24, Vers 51; Kapitel 25, Vers 30; Evangelium nach Lukas, Kapitel 13, Vers 28.

Gott wird auch als Licht beschrieben. Sein Licht ist eines, in dem kein Schatten ist. Licht und Finsternis haben nichts gemeinsam. Wo das Licht ist, ist keine Finsternis. Sie wird abgedrängt. Das ist die Eigenschaft von Licht. Licht und Finsternis sind wie zwei gegensätzliche Pole. Sie kommen niemals zusammen. Heilig bedeutet »abgesondert«.

Das Licht Gottes hat eine moralische Natur. Nachdem Gott absolut heilig ist, kann nichts in seine Gegenwart kommen, was nicht auch absolut heilig ist. 50 Prozent gut reicht genauso wenig aus wie 70 Prozent angenehmer Zeitgenosse oder gar 99 Prozent Musterschüler. Denn kein Schatten kann ins Licht – egal wie klein der Schatten ist. Er wird abgedrängt. Nicht weil Gott böse ist, sondern weil er heilig ist.

Nun kommt eine entscheidende Aussage der Bibel. Das, was Gott und uns trennt, ist die Sünde. Da Gott vollkommen, rein und sündlos ist, kann kein Sünder in seiner Gegenwart bestehen – und damit kein Mensch. Wenn wir näher darüber nachdenken, wäre der Himmel kein Himmel, wenn auch nur eine einzige Sünde dort einziehen, zu einem Fluss werden und Seitenarme bilden könnte. Er wäre nicht der Ort, an dem du sein möchtest. Alles würde enden wie hier.

Der Dresscode für den Himmel ist reines Weiß, und weil unser Lebenskleid das niemals hergeben wird, muss uns jemand ein neues, passendes Gewand schenken. Und genau hier setzt Gottes Angebot an. Er bietet uns zweierlei: Freispruch und Vergebung für unsere Vergehen und ein neues Leben in der Verbindung mit ihm. An dieser Stelle verrate ich dir den zweiten Teil des Verses:

Denn der Lohn der Sünde ist der Tod;
aber die Gnadengabe Gottes ist das ewige Leben
in Christus Jesus, unserem Herrn.[76]

Freispruch!

Der Freispruch im Gericht Gottes erfolgt auf der Basis, dass jemand die Konsequenz für unsere Sünden bezahlt. Gott wurde Mensch und kassierte den Lohn für unsere Zielverfehlung – den Tod am Kreuz –, damit er jedem, der diesen stellvertretenden Tod für seine Vergehen in Anspruch nimmt, ewiges Leben im Himmel geben kann.[77] Indem man sein Vertrauen auf dieses Werk setzt, seine Sünden auf das Jesus-bezahlt-für-mich-am-Kreuz-Konto einzahlt, sind sie getilgt. Das weiße Kleid, mit dem Gott dich durch

---

76 Neues Testament: Brief an die Römer, Kapitel 6, Vers 23 (Schlachter 2000).
77 Vgl. Neues Testament: Evangelium nach Johannes, Kapitel 3, Vers 16.

deinen Vertrauensakt überkleidet, ist nicht von der Marke »Schwamm drüber«, sondern zum Höchstpreis erkauft. Gott, der Liebe und Gerechtigkeit ist, fordert Gerechtigkeit und vollzieht sie stellvertretend an sich selbst. Das ist der höchste Akt der Liebe, das Äußerste, was er tun kann, um sowohl der Liebe als auch der Gerechtigkeit konsequent Genüge zu tun. Die Sünde muss bezahlt werden – entweder von dir oder stellvertretend von ihm.

In seiner Kampfansage gegen die Sünde verfolgt Gott zwei Ziele. Allem voran beseitigt Gott die trennende Komponente, die den Menschen von *ihm* fernhält. Er will den Menschen in der Ewigkeit bei sich haben und schafft die Voraussetzung dafür, weil er ihn liebt. Zudem will Gott die zerstörerische Kraft, die die Sünde auf Menschen hat, ausschalten. Gott hasst die Sünde, aber er liebt den Sünder. Wenn er sieht, wie der Mensch von einem Fettnäpfchen ins nächste stolpert, setzt er nicht schadenfroh zum nächsten Eintrag auf der Fehlerliste an, sondern er empfindet Mitleid und den dringenden Wunsch, ein strauchelndes Küken unter sein Gefieder zu holen. Dort ist Sicherheit.[78]

---

78 Vgl. Altes Testament: Buch der Sprüche, Kapitel 18, Vers 10: »Der Name des HERRN ist ein starker Turm; der Gerechte läuft dahin und ist in Sicherheit.«

| 118 |

Das kann er aber nur tun, wenn du zu ihm kommst und bereit bist, dir deine Sündenlast von ihm abnehmen zu lassen und unter sein Gefieder zu schlüpfen. Nur dort kann er dich von der Konsequenz der Sünde befreien – der Trennung von *ihm*. Bei Gott lautet die Frage niemals: »Bist du gut genug?«, sondern »Bist du bereit, dich von mir retten zu lassen?« »Bist du bereit, mich in dein Leben zu lassen, mich für deine Schuld aufkommen zu lassen?«

Lass es dir nicht entgehen

Das Unglaubliche ist, dass Gott alles für die Rettung tut und uns dann den Ball locker zuspielt. Die Entscheidung, sein Geschenk anzunehmen, nimmt er uns nicht ab. Sie ist so freiwillig wie die Liebe. Für die Geschenkübergabe und Annahme braucht es einen Menschen, der realisiert, dass er es alleine nicht schaffen wird, Gottes Standard gerecht zu werden. Einen Menschen, der vor Gott zugibt, dass er gegen ihn und andere gesündigt hat, und vertrauensvoll diese Schuldenlast Jesus zur Tilgung übergibt. Einen Menschen, der bereit ist, Gott zur Quelle seines Lebens zu machen. Es gibt keine verkehrten Worte, um diesen Wunsch vor Gott zum Ausdruck zu bringen, der bis ins Verborgene sieht. Es braucht einzig deinen aufrichtigen Willen und deine aktive Entscheidung, umzukehren, deine Übertretungen abzugeben und mit Gott neu anzufangen. Wenn Gott sich uns ganz schenkt, ist die gebührende Antwort darauf, sich selbst Gott ganz zu schenken. Dafür geht man nicht ins Kloster, sondern wie tags zuvor in sein Büro – mit der Freude und dem Wissen, dass man einen neuen Über-Chef hat, der einen über die hohe Latte befördert hat und durch die Widrigkeiten des Lebens führt. Das Geschenk anzunehmen und dann dem Geber den Rücken zu kehren, ist nicht im Sinne des Gebers. Kern ist, dass der Mensch zu seinem Ursprung zurückkehrt und in Bezug auf diesen Ursprung lebt.

Gott möchte ein Werk in uns beginnen, das uns innerlich neu gestaltet, und er hat Aufgaben für uns vorbereitet, durch die etwas von seinem Licht in dieser Welt sichtbar wird. Das ist ein spannender Weg, der Menschen vor Dinge und Ewiges vor Zeitliches setzt. Was aber noch viel gewaltiger ist: Gott möchte uns ewiges Leben in seiner Gegenwart schenken. Damit das möglich ist, hat er den Maximalpreis bezahlt. Es gibt sie also – die Geschenkbox, in der ein Geheimnis darauf wartet, gelüftet zu werden. Nur dass es kein Geheimnis ist, wie ich dir im nächsten Kapitel verrate. Ich wünschte, die Spatzen würden es von den Dächern pfeifen.

XII. Angebot mit Nutzen

Gott weiß, dass der Mensch und er wesensmäßig nicht in einen Himmel passen. Deshalb muss etwas geschehen, das nicht nur Licht in die Finsternis bringt, sondern diese vollkommen und rückstandslos hinausdrängt. Gemeint ist die Finsternis oder Unvollkommenheit im menschlichen Herzen. Wenn aus Schatten überbordendes Licht wird, ist eine Gemeinschaft zwischen Gott und Mensch möglich.

Als Gott den Menschen schuf, gab er ihm den freien Willen, ihn zu lieben und in Gemeinschaft mit ihm zu leben. Der Mensch entschied sich für seinen eigenen Weg. Er tut es immer noch und ist sich selbst sein eigener Gott. »Was möchte Gott von mir?« ist nicht die Frage, die uns unter den Nägeln brennt. Der Mensch wählte und wählt den Weg abseits vom Licht und rudert mit den Folgen seiner Unvollkommenheit. Er sündigt, weil er auf sich gestellt gar nicht anders kann.

Was ist die Folge der Sünde? Das macht Gott in seinem Wort unmissverständlich klar. »Der Lohn der Sünde ist der Tod.«[79] Die Sünde fordert ihren Tribut.

---

79 Neues Testament: Brief an die Römer, Kapitel 6, Vers 23; vgl. Altes Testament: 1. Mose, Kapitel 2, Verse 16-17.

Diesen nennt die Bibel Hölle und meint damit die ewige Trennung von Gott. Ein Ort der »äußersten Finsternis«, in dem alles, was gut ist, nicht vorhanden ist. Gott, der Speichersee aller Freude und Schönheit, ist nicht dort und damit bleibt rein gar nichts Gutes mehr übrig. Wer das Evangelium von Jesus verkündet, darf diesen Teil nicht aussparen. Jesus warnt vielfach und eindrücklich vor der Hölle. Für ihn ist sie Realität, und er kam, um aus ihr zu erretten.

Die Hölle ist der letzte Ort, an dem ich dich wissen möchte, und könnte ich sie abschaffen, würde ich dies sogleich tun. Das kann ich aber ebenso wenig wie jene, die sie theoretisch wegargumentieren und intellektuell wegrationalisieren. Gemäß der Bibel fällt sie unter die Kategorie Naturgesetz.

Wenden wir uns von diesem düsteren Bild ab und zu einem Bild der Hoffnung hin, denn unsere Zielrichtung ist das Licht und der Platz im Himmel bei dem Vollkommenen, bei dem alles Gute zu Hause ist. Dort bist du ersehnt und willkommen.

Gott hat den Menschen für sich geschaffen. Er wollte von Urzeiten mit dir und mir verbunden sein, weil sein Wesen Liebe ist. Deshalb beschritt er einen Weg, der als die gigantischste Rückholaktion der Weltgeschichte betrachtet werden kann. Gott wollte den Menschen zurückhaben und musste das Problem der Sünde aus dem Weg schaffen. Finsternis kann nicht ins Licht. Damit auch ich nicht. Jetzt könnte man einwenden, Gott ist der Chef, wenn er ein Auge zudrückt, dann ist alles gut. So einfach ist das aber nicht, denn das geht gegen Gottes Natur.

Gott ist absolut gerecht und darin zu hundert Prozent konsequent. Damit er der Gerechtigkeit Rechnung trägt, muss sein Gesetz vollzogen werden: »Der Lohn der Sünde ist der Tod.« Was kann der Schöpfer nun tun, um eine gesamte Menschheit von der Sünde freizukaufen, ohne das Gesetz zu missachten?

Der König von Zeit und Raum, der Herrscher über das Universum, wusste, was zu tun ist. Er selbst müsste Mensch werden und den Lohn – die Konsequenz der Sünde – stellvertretend auf sich nehmen. Das wäre der Tod. Fällt dir etwas auf? Ja, das Kreuz. Jesus ist nicht zufällig am Kreuz von Golgatha gelandet. Er wollte dorthin, um dein Problem zu lösen. Welches Problem? Jenes, dass du von der Sünde nicht nur ausgebremst, sondern durch sie auf ewig von Gott getrennt bist. Licht und Schatten gehen wesensmäßig nicht zusammen.

Denn auch der Sohn des Menschen ist nicht gekommen, um bedient zu werden, sondern um zu dienen und sein Leben zu geben als Lösegeld für viele.[80]

---

80 Neues Testament: Evangelium nach Markus, Kapitel 10, Vers 45.

Der menschgewordene Gott gibt sein Leben als Lösegeld, er übernimmt stellvertretend das Todesurteil. Vielleicht kennst du dieses Stellvertreterprinzip aus Schillers Ballade »Die Bürgschaft«. Ein Unschuldiger bürgt für seinen Freund Damon, der kurz vor der Vollstreckung seines Todesurteils eine Familienangelegenheit regeln muss. Der Kläger macht klar, dass der Bürge stellvertretend hingerichtet wird, wenn Damon nicht rechtzeitig zurückkehrt. Stirbt der Unschuldige, dann geht Damon frei aus, weil der Stellvertreter das Urteil bereits getragen hat. Damon kommt gerade noch rechtzeitig zurück, es gibt ein Happy End. Bei Jesus hingegen starb der Unschuldige für die Schuldigen. Und das mit dem Ziel vor Augen, dass es für dich ein Happy End gibt.

Gottes Sohn erlebte nicht nur den körperlichen Tod, sondern auch den geistlichen – die Verlassenheit von Gott, das Getrenntsein von ihm, das die Hölle ist. Deshalb rief er am Kreuz: »Mein Gott, mein Gott, warum hast du mich verlassen?«[81] Er, der mit seinem Gott und Vater eine Wesenseinheit bildet, wurde von ihm getrennt, weil die Sünde der Menschheit auf ihn geworfen war. Stellvertretend nahm er die Finsternis auf seine Schultern und

---

81 Neues Testament: Evangelium nach Markus, Kapitel 15, Vers 34.

wurde dadurch vom Licht getrennt. Das ist Konsequenz in aller Härte, vollzogen am eigenen Leib. Der Lohn der Sünde ist der Tod – das erfuhr Jesus mit jeder Faser. Bei diesem gewaltigen Stabhochsprung bezahlte er mit seinem Leben.

Kurz vor seinem Tod rief Jesus aus: »Es ist vollbracht!«[82] Das große Werk ist vollbracht. Der Weg zu Gott ist frei! Alles, was es aus Gottes Sicht brauchte, um aus Schatten Licht zu machen, ist vollbracht.

Denn so hat Gott die Welt geliebt, dass er seinen eingeborenen Sohn gab, damit jeder, der an ihn glaubt, nicht verloren gehe, sondern ewiges Leben habe. Denn Gott hat seinen Sohn nicht in die Welt gesandt, damit er die Welt richte, sondern damit die Welt durch ihn errettet werde. Wer an ihn glaubt, wird nicht gerichtet; wer aber nicht glaubt, ist schon gerichtet, weil er nicht geglaubt hat an den Namen des eingeborenen Sohnes Gottes.[83]

Faktisch ist der Weg zu Gott frei. Und praktisch? Muss man ihn wählen. Was nützt ein Weg, der nicht beschritten wird? Was nützt ein Hinweisschild, das

---

82 Neues Testament: Evangelium nach Johannes, Kapitel 19, Vers 30.
83 Neues Testament: Evangelium nach Johannes, Kapitel 3, Verse 16-18.

nicht beachtet wird? Was nützt ein Freispruch, der abgelehnt wird? Nichts, rein gar nichts.

Jesus sagt: »Ich bin der Weg und die Wahrheit und das Leben. Niemand kommt zum Vater als nur durch mich.«[84] Das ist keine vermessene, narzisstische Aussage, das ist der Anspruch dessen, der diesen Weg am Kreuz gebahnt hat. Wäre er nur ein Mensch, dann wäre seine Aussage tatsächlich eine unglaubliche Anmaßung. Niemand hat das Recht, das zu behaupten, als nur dein Schöpfer selbst, der die höchste Autorität innehat. Dessen Wort auch noch zählt, wenn alle anderen vergangen sind. »Der Himmel und die Erde werden vergehen, meine Worte aber werden nicht vergehen«, versprach Jesus.[85]

Der Weg zur Errettung, den Jesus bereitet hat, wird kaum beschritten. Das wusste Jesus schon, ehe er sich ans Kreuz schlagen ließ. Deshalb bat er inständig:

Geht ein durch die enge Pforte; denn weit ist die Pforte und breit der Weg, der zum Verderben führt, und viele sind, die durch sie eingehen. Denn eng ist die Pforte und schmal der Weg, der zum Leben führt, und wenige sind, die ihn finden.[86]

---

84 Neues Testament: Evangelium nach Johannes, Kapitel 14, Vers 6.
85 Neues Testament: Evangelium nach Markus, Kapitel 13, Vers 31.
86 Neues Testament: Evangelium nach Matthäus, Kapitel 7, Verse 13-14.

Um ihn zu finden, muss man erst einmal den Suchmodus aktivieren. Ich wünsche so, dass du das tust. Prüfe Gott. Stell ihn infrage und stelle Fragen an ihn. Er wird dir so antworten, dass du es verstehst. Gleichgültigkeit wiegt gleich viel wie eine Ablehnung.

Jesus bezeichnete sich als der Weg, die Wahrheit und das Leben. Er konnte das aus folgenden Gründen rechtmäßig behaupten:

- Ich bin der Weg zu Gott, weil ich Gott bin.
- Ich bin die Wahrheit über Gott, weil ich Gott bin.
- Ich bin das Leben, weil ich es selbst geschaffen habe.
- Niemand kommt zu Gott dem Vater als nur durch Gott den Sohn, der Mensch wurde. Man kommt nur durch Gott zu Gott.

Niemand kommt zur Burg Gottes als über die Zugbrücke, die eben zu dieser Burg führt. Niemand kann die Tür öffnen als der Hausherr selbst. So betrachtet ist die Exklusivität der Aussage nicht anmaßend, sondern logisch.

Der Test

Was kann uns dabei helfen, unser Vertrauen auf den Gott der Bibel zu setzen? Ich habe bisher folgende Steighilfen angeboten: die komplexe Schöpfung, die erfüllten Prophezeiungen und das Leben und Wirken Jesu, dem von den Menschen seiner Zeit nicht widersprochen werden konnte. Seine Auferstehung, die nicht widerlegt werden konnte. Das Grab war leer, Jesu Feinde konnten keinen Toten mehr vorweisen. Die Wandlung der Jünger, die von einem verschreckten Haufen zu mutigen Verkündern des Evangeliums wurden. Doch es gibt mehr. Es gibt die persönliche Veränderung im Leben jedes aufrichtig Gläubigen. Darüber hinaus findet sich in der Bibel die Zusage, dass man selbst herausfinden kann, ob Jesu Lehre Menschenwerk ist oder von Gott gebracht wurde. Du kannst den Reality-Check selbst in der Praxis durchführen. Das ist deine Chance!

XIII. Deine himmlische Einladung

Die Bibel sagt, dass alle guten Gaben von Gott kommen. Er ist der Gute. Er lässt die Sonne über allen Menschen aufgehen – unabhängig davon, ob sie nett oder unsympathisch sind. Die Spuren all dessen, was du als schön und bereichernd empfindest, führen zu ihm. Im Umkehrschluss bedeutet das, dass abseits von ihm nichts bleibt, was dein Herz erfreuen wird. Er lädt dich in sein Reich ein. Solange du einen Atemzug tun kannst, kannst du seine Einladung annehmen, seine Hand ergreifen. Doch irgendwann läuft jede Zusagefrist ab, es gibt ein »Zu spät« – Fest verpasst. Ende der Gnadenfrist.

Jesus verdeutlichte diesen Sachverhalt in einem Gleichnis, aus dem ich einen Aspekt herausarbeiten möchte. Jesus begann so: »Das Reich der Himmel gleicht einem König, der für seinen Sohn das Hochzeitsfest veranstaltete ...«[87]

Ein König und sein Sohn planen eine Hochzeit. Nachdem alle Vorbereitungen abgeschlossen sind, schickt der König seine Diener, um die Ge-

---

87 Neues Testament: Evangelium nach Matthäus, Kapitel 22, Verse 1-10 (Schlachter 2000).

ladenen zum Fest zu rufen. Es ist so weit! Der Saal ist geschmückt, der Tisch gedeckt, die Ochsen und das Mastvieh geschlachtet. Das Festessen kann jederzeit serviert werden, das Orchester hat die Instrumente gestimmt. Doch die Gäste wollen nicht kommen. Sie finden Ausreden und haben Besseres zu tun. Offensichtlich haben sie sich keinen Vermerk in ihrem Kalender gemacht. Sie wenden sich ihrer Arbeit, ihrem Besitz und ihrer Familie zu und kümmern sich nicht um die Einladung des Königs. Soll er doch ohne sie sein Fest feiern. Manche geraten über die Diener, die die Einladung überbringen, so in Zorn, dass sie sie umbringen. So viel halten sie von demjenigen, der das Fest ausrichtet.

Die Antwort des Königs kommt prompt. Er vergilt den Mördern ihre Tat. Dann spricht er zu seinen Dienern: »Das Hochzeitsmahl ist vorbereitet, aber die Gäste waren es nicht wert.« Nicht nur die Mörder waren keine würdigen Gäste, sondern auch die anders Beschäftigten. »Geht also an die Kreuzungen der Straßen und ladet alle, die ihr trefft, zur Hochzeit ein!« Der König möchte seine Tafel füllen, er will das Gute teilen, das er bereitet hat. Dazu startet er eine große Einladungsoffensive. Und so trommeln die Diener alle Willigen zusammen, die sie auf den Straßen finden, und der Saal füllt sich mit armen Menschen, behinderten Menschen, guten und schlechten Menschen. Doch es ist immer noch Platz. Der König sendet erneut seine Diener aus, die Menschen eindringlich zu bitten, doch zu kommen.

Der König steht für Gott den Vater, der Sohn für Jesus. Sie wollen ein Hochzeitsmahl feiern. Das verdeutlicht, dass ein enger Bund geschlossen werden soll. Aus anderen Stellen der Bibel wissen wir, dass Gott diesen Bund mit uns Menschen eingehen will. Die Bindung soll vertraut sein, ähnlich einer Ehe. Gott lädt also keine Zaungäste ein, sondern Hauptakteure, die den Stellenwert der Braut erhalten sollen. Was gibt der Bräutigam der Braut? Das Kostbarste. Es wird an keiner Stelle gespart, sondern alles gegeben, was man hat.

Obwohl diese Einladung so unglaublich ist, wird sie ausgeschlagen. Zu beschäftigt ist man, zu verliebt, zu abgelenkt, um sich Gedanken darüber zu machen, wer es ist, dessen Einladung man übergeht, und was es ist, das man dadurch verpasst. Doch der König schreitet in der Tagesordnung voran. Obwohl er liebevoll ein Namensschild für jeden Geladenen angefertigt hat, zwingt er niemanden an seine Tafel. Das ändert aber nichts daran, dass er um jeden leeren Platz trauert und seine Festtafel auf jede erdenkliche Weise füllen will. Sein Wunsch ist da, sein Einladen ist da, seine Vorbereitungen sind abgeschlossen – und doch scheitern seine aus-

gestreckten Arme so oft an Mauern aus Gleichgültigkeit. Trotzdem schickt er seine Diener wieder
aus, um zu werben. Auf die Straßen und in die Gassen sollen sie gehen und die Leute mit Nachdruck
ersuchen, in sein Haus zu kommen. Sie sollen nicht
verpassen, was er für sie bereitet hat. Noch sind
die Türen so weit geöffnet wie Gottes Arme, doch
eines Tages schließen sich laut Jesus die Türen zum
Festsaal[88], und dann wird draußen das Jammern
beginnen.

Außerhalb des Festsaals befindet sich der Ort, an
dem sich alles, was gut ist, in Luft auflöst. Was ist das
für ein Ort? Einer, an dem du nicht sein möchtest.
Dort bist du von Gott getrennt. Nicht weil er dich
nicht liebt, sondern weil du nicht auf ihn reagiert
hast. Um himmelstauglich zu werden, musst du auf
ihn reagieren.

Sprich zu ihnen: So wahr ich lebe, spricht der Herr,
HERR, ich habe kein Gefallen am Tod des Gottlosen,
sondern dass der Gottlose von seinem Weg umkehre
und lebe! Kehrt um, kehrt um von euren bösen Wegen!
Denn warum wollt ihr sterben …?[89]

---

88 Vgl. Neues Testament: Evangelium nach Matthäus, Kapitel 25, Verse
     10–11.
89 Altes Testament: Prophet Hesekiel, Kapitel 33, Vers 11.

Die Einladung Gottes ist mehr als ein Angebot für eine gute Zeit auf einem Fest, sie ist dein Rettungsanker für dein (ewiges) Leben. Wenn dich jemand auf einem sinkenden Schiff bittet, in sein Rettungsboot zu steigen, und du tust es nicht, dann wirst du untergehen. Alles, was an Gott liegt, ist bereits vollbracht. Das Fest ist bereitet, die Einladung ausgesprochen – der Rest liegt an dir.

Ich argumentiere hier eine Realität, die bisher nicht auf deinem Radar war. Eine himmlische Einladung annehmen? Gottes Rettungsanker ergreifen? Wenn es einen Gott gibt, dachtest du, dann bin ich sowieso mit dabei von der Himmelspartie. Keine der großen Weltreligionen lehrt, dass alle dabei sein werden – nicht einmal der Buddhismus. Du musst deine eigene gründen. Verlass dich bitte nicht auf dein Wunschdenken. Das gilt auch für die Erklärung, dass es nach dem Leben aus ist, weil ohnehin keiner zurückgekommen ist. Falsch, einer ist zurückgekommen, Jesus. So viele Indizien für den Zimmermann.

Du magst keine Religion? Das kann ich verstehen. Aber es sei dir gesagt: Das Evangelium ist keine Religion. Es ist das Angebot eines Freibriefes an dich persönlich, von einem Gott, der dich liebt. Er, der dein Richter ist, hat die Strafe an sich selbst vollzogen. Es gibt keine übergeordnete Instanz, die besagt, dass das nicht gilt. Er ist der Höchstrichter und dein Urteil heißt Freispruch, wenn du bereit bist, zu glauben und zu erkennen, dass du keine Chance hast ohne Gott. Ohne das, was die Bibel Gnade nennt. Gnade – den unverdienten Freispruch – gibt es nur bei Jesus.

Religion kennt Gnade in dieser Weise nicht, denn von ihrem Wesen her stellt Religion eine große Waage auf, in der deine Taten gewogen werden. Was wiegt mehr: das Gute oder das Schlechte? Doch beim Gott der Bibel gibt es nicht das winzigste Eckchen Platz für Bosheit im Himmel. Dafür aber das Angebot eines völligen Auslöschens all dessen, was Schatten auf deine Biografie wirft. Gott versenkt deine Misserfolge, Fehler und menschlichen Unzulänglichkeiten im äußersten Meer[90] und wird nie wieder daran denken.[91] Das kann er, weil er für deine Sünden bezahlt hat und damit seinen Gerechtigkeitsanspruch erfüllt hat. Die Wundmale in den Händen des Retters sind der Beweis.

Wenn ein Mensch den Freibrief beziehungsweise die Einladung ergreift, ist Freude im Himmel.

Ich sage euch: Ebenso wird Freude im Himmel sein über einen Sünder, der Buße tut,

---

90 Vgl. Altes Testament: Prophet Micha, Kapitel 7, Vers 19.
91 Vgl. Neues Testament: Brief an die Hebräer, Kapitel 10, Vers 17.

mehr als über neunundneunzig Gerechte,
die die Buße nicht nötig haben.[92]

Ergreifst *du* ihn, dann feiere auch ich ein Fest. Doch wie etwas ergreifen, das du nicht siehst? Sprich einfach mit Gott, bitte ihn, dir dein Sündenpaket abzunehmen, und lade ihn in dein Leben ein. Der eigentliche Schritt zu Gott hin ist keine Doktorarbeit, es braucht keine großen und salbungsvollen Worte – vielmehr aufrichtige. Der Sprung in dein Rettungsboot ist meiner Erfahrung nach viel einfacher als das Überlegen und Überwinden deiner Vorbehalte im Vorfeld – ein Prozess, in dem du dich wahrscheinlich jetzt befindest. Vielleicht gibt es immer noch einiges, das dich daran hindert, glauben zu können. Gerne möchte ich dich dazu einladen, deine Fragen zu stellen. Du findest meine Kontaktadresse am Ende dieses Buchs. Hast du einmal deine Hürden genommen, ist dein Schritt hin zu Gott ein ganz natürlicher. Der Verbrecher, der neben Jesus am Kreuz starb, wandte sich lediglich mit einem Satz an ihn, den du in diesem Buch schon einmal gelesen hast: »Herr, denke an mich, wenn du in dein Reich kommst!«[93]

Diese Aussage verrät die wesentlichen Zutaten einer aufrichtigen Umkehr zu Gott:

---

92 Neues Testament: Evangelium nach Lukas, Kapitel 15, Vers 7.
93 Neues Testament: Evangelium nach Lukas, Kapitel 23, Vers 42.

- Die Ansprache »Herr« verrät, dass ich verstanden habe und anerkenne, dass Jesus Herr ist, Schöpfer und Ursprung des Lebens. Sie beinhaltet auch, dass ich ihm das Recht einräume, der Herr meines Lebens zu sein. Das Recht, mir ganz neu beizubringen, was richtig und was falsch ist. Wenn meine Umkehr echt ist, wird sich das bald darin zeigen, dass ich Verhaltensweisen abzulegen beginne, die er als falsch ansieht.
- Die Bitte, dass er an mich denken möge, zeigt, dass ich mich hilfesuchend an Jesus wende, weil mir bewusst geworden ist, dass ich es aufgrund der eigenen Werke nicht schaffen werde, in den Himmel zu kommen.

Für Jesus, den Herzenskenner, genügte das, wie seine Antwort deutlich macht: »Wahrlich, ich sage dir: Heute wirst du mit mir im Paradies sein.«[94] Das klingt vielleicht zu einfach für dich und du fragst dich, wie du Sicherheit darüber gewinnen kannst, dass dieser Schritt ausreichend ist. Ganz einfach, indem du Gottes Wort zu dir sprechen lässt, das uns vielfach versichert:

---

94 Neues Testament: Evangelium nach Lukas, Kapitel 23, Vers 43.

*... dass Gott uns ewiges Leben gegeben hat, und
dieses Leben ist in seinem Sohn. Wer den Sohn hat,
hat das Leben; wer den Sohn Gottes nicht hat,
hat das Leben nicht. Dies habe ich euch geschrieben,
damit ihr wisst, dass ihr ewiges Leben habt,
die ihr glaubt an den Namen des Sohnes Gottes.*[95]

Glauben bedeutet demnach nichts anderes, als
darauf zu vertrauen, dass Jesus für meine Sünden
bezahlt hat und mir ewiges Leben schenkt, wenn ich
ihn, in dem das ewige Leben ist, in mein Leben auf-
nehme. Das zeigt mir zwei Dinge: Erstens ist Glaube
kein Fernkurs, den ich einmal absolviere, um dann
weiterzumachen wie gehabt, sondern Glaube ist
eine Beziehung, die Einladung von Jesus in mein
Herz. Nur so »habe ich ihn«, und mit ihm das ewige
Leben. Zweitens darf ich mir darüber gewiss sein.
Ich erhalte das Geschenk unabhängig von meinen
bisherigen Taten. Ich muss mir den Himmel nicht
erarbeiten und nicht verdienen. Er ist ein Geschenk
und reine Gnade.

*Denn durch die Gnade seid ihr errettet, mittels des
Glaubens; und das nicht aus euch, Gottes Gabe ist es;
nicht aus Werken, damit niemand sich rühme.*[96]

---

95 Neues Testament: 1. Brief des Johannes, Kapitel 5, Verse 11-13.
96 Neues Testament: Brief an die Epheser, Kapitel 2, Verse 8-9.

Was kannst du nun tun? Wenn du bereit bist, dann richte deine persönlichen Worte an Gott. Tue es nicht halbherzig, sondern in dem Bewusstsein, eine Kehrtwende in deinem Leben zu vollziehen. Gott starb für dich – lebe du für ihn. Auch das ist ein Weg der kleinen, natürlichen Schritte. Einer, der dich nicht überfordern wird. Richte dich nach ihm aus, lerne sein Wort und seinen Plan für dich kennen und entwickle eine Antenne für ihn.

Mit Freuden heißt dich Gott willkommen. Gott ist dann nicht mehr dein Richter, sondern dein Vater. Nicht aufgrund deiner Leistung, sondern aufgrund seiner Gnade. Das war sein Ziel und Wunsch von Anfang an – dich zum Gotteskind zu machen[97] und die Verbindung mit dir zu aktivieren.

Für die Gemeinschaft mit dir war er bereit, den Himmel zu verlassen. Du erhältst einen Platz bei ihm – nicht weil deine guten Taten schwerer wiegen als deine schlechten, sondern weil das Trennende besiegt ist und du ein Bürgerrecht am schönsten Ort des Universums geschenkt bekommen hast: in Gottes Reich.

Wie bekommt man dieses Bürgerrecht? Durch Glauben. Glauben woran? Glauben daran, dass Jesus am Kreuz für deine Sünden bezahlt hat.

---

97 Vgl. Neues Testament: Evangelium nach Johannes, Kapitel 1, Vers 12.

Denn so hat Gott die Welt geliebt, dass er seinen eingeborenen Sohn gab, damit jeder, der an ihn glaubt, nicht verloren gehe, sondern ewiges Leben habe.[98]

Wo stellt man den Antrag? Bei Gott. Wie oft muss man die Antragsstellung wiederholen? Nie wieder. Nichts und niemand wird dich aus der Hand Gottes rauben. Kein erneuter Fehltritt, nichts. Du lebst in einer Generalamnestie und machst aus Dankbarkeit deinem Vater Ehre.

Denn ich bin überzeugt, dass weder Tod noch Leben, weder Engel noch Fürstentümer, weder Gegenwärtiges noch Zukünftiges noch Gewalten, weder Höhe noch Tiefe noch irgendein anderes Geschöpf uns zu scheiden vermögen wird von der Liebe Gottes, die in Christus Jesus ist, unserem Herrn.[99]

Wo liegt der Haken? Darin, dass sich dein Leben ändern wird – nämlich Schritt für Schritt nach dem Lehrplan der Akademie Gottes, und das ist eigentlich kein Haken, sondern eine Verbesserung. Aber du könntest – wie einst ich – um deine Autonomie fürchten. Während Religion eine äußere Anpassung erfordert, verändert das Evangelium von innen nach

---

98 Neues Testament: Evangelium nach Johannes, Kapitel 3, Vers 16.
99 Neues Testament: Brief an die Römer, Kapitel 8, Verse 38-39.

außen. Gott ist dabei derjenige, der dich und deinen Charakter durch seinen Geist verändert – du muss nicht alleine das Unmögliche versuchen. Dein Leben erhält eine neue Zielrichtung und neue Maßstäbe, die dich davon abhalten, deine Generalamnestie als Freibrief zum Sündigen zu begreifen. Vielmehr wird sie dich dazu motivieren, Gutes zu tun! In all dem hat Gott zwei Ziele mit dir:

Erstens will er dich nahe bei sich halten und möchte, dass du deinen täglichen Weg bis zum Schluss mit ihm gehst. Dazu musst du ihm und seinem Wort Raum geben. Ihr werdet miteinander reden müssen und du wirst irgendwann Weggefährten brauchen.

Zweitens wird er damit beginnen, dich ihm ähnlicher zu machen. Bei einem Kind Gottes wird nach und nach sichtbar werden, wer der Vater ist, auch wenn die Fußstapfen groß sind und auf der Erde niemals vollends ausgefüllt werden können. Aber Gott beginnt sein Werk an dir schon hier und heute – er will keine Zeit verlieren, um aus dir einen prachtvollen Edelstein zu schleifen. Wenn das für dich nach Arbeit klingt, dann kann ich dir versprechen, dass du eine ganz neue Freude erleben wirst und dass viel Last von dir abfallen wird.

Und sonst? Gott hat Menschen für sich geschaffen – er ist der Boss. Wenn in deinem Herzen ein Thron ist, auf dem du sitzt, dann musst du ihn Gott überlassen. Das könnte dein Haken sein. Bei mir war das so. Ich wollte als emanzipierte Frau die Chefin meines Lebens bleiben. Daran hielt ich so lange fest, bis mir klar wurde, dass ich die Wahl hatte zwischen einer Chefin, die kurzsichtig und von Emotionen gesteuert ist und einen geringen Handlungsspielraum hat, und einem Chef, der allwissend und allmächtig ist und mich vollkommen liebt. Klingt nach einer einfachen Entscheidung. Eben! Mein Leben wurde viel spannender, erfüllter und reicher – und es bekam eine neue Perspektive.

Mit der wachsenden Freude breitete sich aber ein neuer Schatten aus. Wenn all das wahr ist, was ist dann mit euch, die ihr frisch fröhlich oder schwer beladen lebt, ohne Gott in euer Leben zu lassen? Und schon ist es wieder da, das Kindheitsgefühl, das ruft: Kommt, verpasst das Beste nicht! Einen Himmel ohne euch möchte ich mir eigentlich nicht vorstellen. Seht, wie schön er ist – und es gibt genug Platz!

Der neue Himmel und die neue Erde

*Und ich sah einen neuen Himmel und eine neue Erde;
denn der erste Himmel und die erste Erde
waren vergangen, und das Meer ist nicht mehr.*

*Und ich sah die heilige Stadt, das neue Jerusalem,
aus dem Himmel herabkommen von Gott, bereitet
wie eine für ihren Mann geschmückte Braut. Und ich
hörte eine laute Stimme aus dem Thron sagen:
Siehe, die Hütte Gottes bei den Menschen! Und er wird
bei ihnen wohnen, und sie werden sein Volk sein, und
Gott selbst wird bei ihnen sein, ihr Gott. Und er wird
jede Träne von ihren Augen abwischen, und der Tod
wird nicht mehr sein noch Trauer noch Geschrei noch
Schmerz wird mehr sein; denn das Erste ist vergangen.
Und der, der auf dem Thron saß, sprach:
Siehe, ich mache alles neu.*

Offenbarung des Johannes, Kapitel 21, Verse 1-5

Bitte, komm!

Liebe Leserin, lieber Leser,

ich freue mich sehr, dass du gemeinsam mit mir diese Reise durch das Buch unternommen hast. Mein schönster Lohn wäre, wenn es dir zum Segen wird.

Du hast Fragen?

Das ist gut. Kontaktiere mich doch unter
fragnach@wersglaubt.at,
ich freue mich auf deine Gedanken.

Herzlich, Maria

Dank

Nun weiß ich, dass jedes Buch ein Gemeinschafts-
werk ist! Ich danke den Menschen, die mir durch
ihre Kritik und Motivation dabei geholfen haben,
das Buch fertigzustellen: Christoph Hochmuth, der
mir wertvolle Hinweise gab und den geistlichen
Inhalt auf seine Richtigkeit prüfte, unseren Freunden Armin und Dani Zikeli, die mich mit ihrer Be-
geisterung ansornten, Andreas Lindner, der meine
Ausdrucksweise kritisch unter die Lupe nahm, und
Daniela Miksch, die mich dazu herausforderte, auch
unangenehme Tatsachen beim Namen zu nennen. Danke an meinen Mann Robert, der kein einziges Mal über die Anzahl der Stunden geklagt hat,
die in die Abfassung dieses Buches geflossen sind.
Und was wäre ein Dank, bei dem Gott nicht erwähnt
wird? Er ist mein Halt und mein Ziel. Ohne ihn hätte
ich nichts Besonderes zu sagen.

Gottes Wort
zum Nachlesen

Im Folgenden sind alle Bibelstellen aufgeführt, die im Laufe des Buches zitiert oder als Beleg verwendet wurden. Größtenteils sind sie der Elberfelder Übersetzung (Edition CSV Hückeswagen) entnommen, die den Ursprungstext sehr genau und wortgetreu wiedergibt. Wer die einzelnen Verse in einer anderen Übersetzung nachlesen möchte, dem seien die *Schlachter 2000*, die *Menge 2020* oder die *Luther 1984* ans Herz gelegt.

Kapitel II

Apostelgeschichte 17,22-27
Männer von Athen, ich sehe, dass ihr in jeder Beziehung den Göttern sehr ergeben seid. Denn als ich umherging und die Gegenstände eurer Verehrung betrachtete, fand ich auch einen Altar, an dem die Aufschrift war: Dem unbekannten Gott. Was ihr nun, ohne es zu kennen, verehrt, das verkündige ich euch. Der Gott, der die Welt und alles darin gemacht hat, dieser, der der Herr des Himmels

und der Erde ist, wohnt nicht in Tempeln, die mit Händen gemacht sind, noch wird er von Menschenhänden bedient, als ob er noch etwas nötig habe, da er selbst allen Leben und Odem und alles gibt. Und er hat aus einem Blut jede Nation der Menschen gemacht, damit sie auf dem ganzen Erdboden wohnen, und hat festgesetzte Zeiten und die Grenzen ihrer Wohnung bestimmt, damit sie Gott suchen, ob sie ihn wohl ertasten und finden möchten, obgleich er nicht fern ist von einem jeden von uns.

Hebräer 4,13

Und kein Geschöpf ist vor ihm unsichtbar, sondern alles ist bloß und aufgedeckt vor den Augen dessen, mit dem wir es zu tun haben.

Apostelgeschichte 17,30-31

Nachdem nun Gott die Zeiten der Unwissenheit übersehen hat, gebietet er jetzt den Menschen, dass sie alle überall Buße tun sollen, weil er einen Tag festgesetzt hat, an dem er den Erdkreis richten wird in Gerechtigkeit durch einen Mann, den er dazu bestimmt hat, und er hat allen den Beweis davon gegeben, indem er ihn aus den Toten auferweckt hat.

Kapitel IV

Prediger 3,11

Alles hat er schön gemacht zu seiner Zeit; auch hat er die Ewigkeit in ihr Herz gelegt, ohne dass der Mensch das Werk, das Gott gewirkt hat, von Anfang bis Ende zu erfassen vermag.

1. Johannes 4,8

Wer nicht liebt, hat Gott nicht erkannt, denn Gott ist Liebe.

Hesekiel 36,26

Und ich werde euch ein neues Herz geben und einen neuen Geist in euer Inneres geben; und ich werde das steinerne Herz aus eurem Fleisch wegnehmen und euch ein fleischernes Herz geben.

Johannes 10,27-29

Meine Schafe hören meine Stimme, und ich kenne sie, und sie folgen mir; und ich gebe ihnen ewiges Leben, und sie gehen nicht verloren in Ewigkeit, und niemand wird sie aus meiner Hand rauben. Mein Vater, der sie mir gegeben hat, ist größer als alles, und niemand kann sie aus der Hand meines Vaters rauben.

Philipper 4,6-7

Seid um nichts besorgt, sondern in allem lasst durch Gebet und Flehen mit Danksagung eure Anliegen vor Gott kundwerden; und der Friede Gottes, der allen Verstand übersteigt, wird eure Herzen und euren Sinn bewahren in Christus Jesus.

Matthäus 5,6

Glückselig, die nach der Gerechtigkeit hungern und dürsten, denn sie werden gesättigt werden.

Psalm 9,8-10

Der HERR aber thront in Ewigkeit; er hat seinen Thron zum Gericht aufgestellt. Und er wird den Erdkreis richten in Gerechtigkeit, wird über die Völkerschaften Gericht halten in Geradheit. Und der HERR wird eine hohe Festung für den Unterdrückten sein, eine hohe Festung in Zeiten der Drangsal.

Johannes 8,36

Wenn nun der Sohn euch frei macht, werdet ihr wirklich frei sein.

Matthäus 28,18-20

Und Jesus trat herzu und redete zu ihnen und sprach: Mir ist alle Gewalt gegeben im Himmel und auf der Erde. Geht nun hin und macht alle Nationen zu Jüngern und tauft sie auf den Namen des Vaters und des Sohnes und des Heiligen Geistes und lehrt sie, alles zu bewahren, was ich euch geboten habe. Und siehe, ich bin bei euch alle Tage bis zur Vollendung des Zeitalters.

Römer 8,38-39
Denn ich bin überzeugt, dass weder Tod noch Leben, weder Engel noch Fürstentümer, weder Gegenwärtiges noch Zukünftiges noch Gewalten, weder Höhe noch Tiefe noch irgendein anderes Geschöpf uns zu scheiden vermögen wird von der Liebe Gottes, die in Christus Jesus ist, unserem Herrn.

Johannes 14,6
Jesus spricht zu ihm: Ich bin der Weg und die Wahrheit und das Leben. Niemand kommt zum Vater als nur durch mich.

Johannes 10,10
Ich bin gekommen, damit sie Leben haben und es in Überfluss haben.

1. Mose 1,27
Und Gott schuf den Menschen in seinem Bild, im Bild Gottes schuf er ihn; Mann und Frau schuf er sie.

Kapitel V

Psalm 53,3

Gott hat vom Himmel herniedergeschaut auf die Menschenkinder, um zu sehen, ob ein Verständiger da sei, einer, der Gott suche.

Matthäus 7,7

Bittet, und es wird euch gegeben werden; sucht, und ihr werdet finden; klopft an, und es wird euch aufgetan werden.

Johannes 7,16-17

Da antwortete ihnen Jesus und sprach: Meine Lehre ist nicht mein, sondern dessen, der mich gesandt hat. Wenn jemand seinen Willen tun will, so wird er von der Lehre wissen, ob sie aus Gott ist oder ob ich von mir selbst aus rede.

Kapitel VIII

Johannes 1,1-4

Im Anfang war das Wort, und das Wort war bei Gott, und das Wort war Gott. Dieses war im Anfang bei Gott. Alles wurde durch dasselbe, und ohne dasselbe wurde auch nicht eins, das geworden ist. In ihm war Leben, und das Leben war das Licht der Menschen.

Johannes 1,14

Und das Wort wurde Fleisch und wohnte unter uns (und wir haben seine Herrlichkeit angeschaut, eine Herrlichkeit als eines Eingeborenen vom Vater) voller Gnade und Wahrheit.

Hebräer 1,1-2

Nachdem Gott vielfältig und auf vielerlei Weise ehemals zu den Vätern geredet hat in den Propheten, hat er am Ende dieser Tage zu uns geredet im Sohn, den er gesetzt hat zum Erben aller Dinge, durch den er auch die Welten gemacht hat.

Johannes 14,8-9

Philippus spricht zu ihm: Herr, zeige uns den Vater, und es genügt uns. Jesus spricht zu ihm: So lange Zeit bin ich bei euch, und du hast mich nicht erkannt, Philippus? Wer mich gesehen hat, hat den Vater gesehen, und wie sagst du: Zeige uns den Vater?

Johannes 10,30

Ich und der Vater sind eins.

Kapitel IX

Römer 1,20
Denn das Unsichtbare von ihm wird geschaut, sowohl seine ewige Kraft als auch seine Göttlichkeit, die von Erschaffung der Welt an in dem Gemachten wahrgenommen werden.

Daniel 9,26
Und nach den 62 Wochen wird der Messias weggetan werden und nichts haben.

Jesaja 53,3-12
Er war verachtet und verlassen von den Menschen, ein Mann der Schmerzen und mit Leiden vertraut, und wie einer, vor dem man das Angesicht verbirgt; er war verachtet, und wir haben ihn für nichts geachtet.

Doch er hat unsere Leiden getragen, und unsere Schmerzen hat er auf sich geladen. Und wir, wir hielten ihn für bestraft, von Gott geschlagen und niedergebeugt; doch um unserer Übertretungen willen war er verwundet, um unserer Ungerechtigkeiten willen zerschlagen. Die Strafe zu unserem Frieden lag auf ihm, und durch seine Striemen ist uns Heilung geworden. Wir alle irrten umher wie Schafe, wir wandten uns jeder auf seinen Weg;

und der HERR hat ihn treffen lassen unser aller Ungerechtigkeit.

Er wurde misshandelt, aber er beugte sich und tat seinen Mund nicht auf, wie ein Lamm, das zur Schlachtung geführt wird, und wie ein Schaf, das stumm ist vor seinen Scherern; und er tat seinen Mund nicht auf. – Er ist weggenommen worden aus der Angst und aus dem Gericht. Und wer wird sein Geschlecht aussprechen? Denn er wurde abgeschnitten aus dem Land der Lebendigen: Wegen der Übertretung meines Volkes hat ihn Strafe getroffen. Und man hat sein Grab bei Gottlosen bestimmt; aber bei einem Reichen ist er gewesen in seinem Tod, weil er kein Unrecht begangen hat und kein Trug in seinem Mund gewesen ist.

Doch dem HERRN gefiel es, ihn zu zerschlagen, er hat ihn leiden lassen. Wenn seine Seele das Schuldopfer gestellt haben wird, so wird er Samen sehen, er wird seine Tage verlängern; und das Wohlgefallen des HERRN wird in seiner Hand gedeihen. Von der Mühsal seiner Seele wird er Frucht sehen und sich sättigen. Durch seine Erkenntnis wird mein gerechter Knecht die Vielen zur Gerechtigkeit weisen, und ihre Ungerechtigkeiten wird er auf sich laden. Darum werde ich ihm Anteil geben an den Vielen, und mit Gewaltigen wird er die Beute teilen: dafür, dass er seine Seele ausgeschüttet hat in den Tod und den Übertretern beigezählt worden ist; er aber hat die Sünde vieler getragen und für die Übertreter Fürbitte getan.

Lukas 23,33-34

Und als sie an den Ort kamen, der Schädelstätte genannt wird, kreuzigten sie dort ihn und die Übeltäter, den einen auf der rechten, den anderen auf der linken Seite. Jesus aber sprach: Vater, vergib ihnen, denn sie wissen nicht, was sie tun! Sie verteilten aber seine Kleider unter sich und warfen Lose darüber.

Psalm 22,16-20

Meine Kraft ist vertrocknet wie eine Tonscherbe, und meine Zunge klebt an meinem Gaumen; und in den Staub des Todes legst du mich. Denn Hunde haben mich umgeben, eine Rotte von Übeltätern hat mich umzingelt. Sie haben meine Hände und meine Füße durchgraben. Alle meine Gebeine könnte ich zählen. Sie schauen und sehen mich an; sie teilen meine Kleider unter sich, und über mein Gewand werfen sie das Los. Du aber, HERR, sei nicht fern! Meine Stärke, eile mir zu Hilfe!

Kapitel X

Johannes 14,6

Ich bin der Weg und die Wahrheit und das Leben. Niemand kommt zum Vater als nur durch mich.

Lukas 1,26-38

Im sechsten Monat aber wurde der Engel Gabriel von Gott in eine Stadt von Galiläa gesandt, mit Namen Nazareth, zu einer Jungfrau, die mit einem Mann verlobt war, mit Namen Joseph, aus dem Haus Davids; und der Name der Jungfrau war Maria. Und er kam zu ihr herein und sprach: Sei gegrüßt, Begnadete! Der Herr ist mit dir. Sie aber wurde über das Wort bestürzt und überlegte, was für ein Gruß dies sei. Und der Engel sprach zu ihr: Fürchte dich nicht, Maria, denn du hast Gnade bei Gott gefunden; und siehe, du wirst im Leib empfangen und einen Sohn gebären, und du sollst seinen Namen Jesus nennen. Dieser wird groß sein und Sohn des Höchsten genannt werden; und Gott der Herr wird ihm den Thron seines Vaters David geben; und er wird über das Haus Jakobs herrschen in Ewigkeit, und sein Reich wird kein Ende haben. Maria aber sprach zu dem Engel: Wie kann das sein, da ich ja keinen Mann kenne? Und der Engel antwortete und sprach zu ihr: Der Heilige Geist wird auf dich kommen, und

Kraft des Höchsten wird dich überschatten; darum wird auch das Heilige, das geboren werden wird, Sohn Gottes genannt werden. Und siehe, Elisabeth, deine Verwandte, ist auch mit einem Sohn schwanger in ihrem Alter, und dies ist der sechste Monat bei ihr, die unfruchtbar genannt war; denn bei Gott wird kein Ding unmöglich sein. Maria aber sprach: Siehe, ich bin die Magd des Herrn; mir geschehe nach deinem Wort. Und der Engel schied von ihr.

Matthäus 1,25
Und er erkannte sie nicht, bis sie ihren erstgeborenen Sohn geboren hatte; und er nannte seinen Namen Jesus.

Lukas 8,19-21
Es kamen aber seine Mutter und seine Brüder zu ihm; und sie konnten wegen der Volksmenge nicht zu ihm gelangen. Es wurde ihm aber berichtet: Deine Mutter und deine Brüder stehen draußen und wollen dich sehen. Er aber antwortete und sprach zu ihnen: Meine Mutter und meine Brüder sind diese, die das Wort Gottes hören und tun.

Lukas 1,37
Denn bei Gott wird kein Ding unmöglich sein.

Jesaja 9,5

Denn ein Kind ist uns geboren, ein Sohn uns gegeben, und die Herrschaft ruht auf seiner Schulter. Und man nennt seinen Namen: Wunderbarer, Berater, starker Gott, Vater der Ewigkeit, Friedefürst.

1. Mose 49,10

Nicht weichen wird das Zepter von Juda, noch der Herrscherstab zwischen seinen Füßen weg, bis Schilo [der Friedenschaffende] kommt, und ihm werden die Völker gehorchen.

Jesaja 7,14

Darum wird der Herr selbst euch ein Zeichen geben: Siehe, die Jungfrau wird schwanger werden und einen Sohn gebären und wird seinen Namen Immanuel nennen.

Daniel 9,24-26

70 Wochen sind über dein Volk und über deine heilige Stadt bestimmt, um die Übertretung zum Abschluss zu bringen und den Sünden ein Ende zu machen und die Ungerechtigkeit zu sühnen und eine ewige Gerechtigkeit einzuführen und Gesicht und Propheten zu versiegeln und ein Allerheiligstes zu salben. So wisse denn und verstehe: Vom Ausgehen des Wortes, Jerusalem wiederherzustellen

und zu bauen, bis auf den Messias, den Fürsten, sind 7 Wochen und 62 Wochen. Straßen und Gräben werden wiederhergestellt und gebaut werden, und zwar in Drangsal der Zeiten. Und nach den 62 Wochen wird der Messias weggetan werden und nichts haben.

Micha 5,1

Und du, Bethlehem-Ephrata, zu klein, um unter den Tausenden von Juda zu sein, aus dir wird mir hervorkommen, der Herrscher über Israel sein soll; und seine Ursprünge sind von der Urzeit, von den Tagen der Ewigkeit her.

Matthäus 1,21

Sie wird aber einen Sohn gebären, und du sollst seinen Namen Jesus nennen; denn er wird sein Volk erretten von ihren Sünden.

Jesaja 55,6

Sucht den HERRN, während er sich finden lässt; ruft ihn an, während er nahe ist.

Johannes 7,14-16

Als es aber schon um die Mitte des Festes war, ging Jesus hinauf in den Tempel und lehrte. Da verwunderten sich die Juden und sagten: Wie besitzt dieser Gelehrsamkeit, da er doch nicht gelernt hat? Da antwortete ihnen Jesus und sprach: Meine Lehre ist nicht mein, sondern dessen, der mich gesandt hat.

Matthäus 8,23-27

Und als er in das Schiff gestiegen war, folgten ihm seine Jünger. Und siehe, ein großes Unwetter erhob sich auf dem See, so dass das Schiff von den Wellen bedeckt wurde; er aber schlief. Und die Jünger traten hinzu, weckten ihn auf und sprachen: Herr, rette uns, wir kommen um! Und er spricht zu ihnen: Was seid ihr furchtsam, ihr Kleingläubigen? Dann stand er auf und schalt die Winde und den See; und es trat eine große Stille ein. Die Menschen aber verwunderten sich und sprachen: Was für einer ist dieser, dass auch die Winde und der See ihm gehorchen?

Markus 10,45

Denn auch der Sohn des Menschen ist nicht gekommen, um bedient zu werden, sondern um zu dienen und sein Leben zu geben als Lösegeld für viele.

Lukas 9,58

Und Jesus sprach zu ihm: Die Füchse haben Höhlen und die Vögel des Himmels Nester, aber der Sohn des Menschen hat nicht, wo er das Haupt hinlege.

Johannes 10,30

Ich und der Vater sind eins.

Johannes 14,9

Wer mich gesehen hat, hat den Vater gesehen.

Matthäus 26,63-64

Und der Hohepriester hob an und sprach zu ihm: Ich beschwöre dich bei dem lebendigen Gott, dass du uns sagst, ob du der Christus bist, der Sohn Gottes! Jesus spricht zu ihm: Du hast es gesagt.

Johannes 8,58

Jesus sprach zu ihnen: Wahrlich, wahrlich, ich sage euch: Ehe Abraham wurde, bin ich.

Markus 14,61-62

Wieder fragte ihn der Hohepriester und spricht zu ihm: Bist du der Christus, der Sohn des Gepriesenen? Jesus aber sprach: Ich bin es. Und ihr werdet den Sohn des Menschen zur Rechten der Macht sitzen und mit den Wolken des Himmels kommen sehen.

Lukas 23,33-34

Und als sie an den Ort kamen, der Schädelstätte genannt wird, kreuzigten sie dort ihn und die Übeltäter, den einen auf der rechten, den anderen auf der linken Seite. Jesus aber sprach: Vater, vergib ihnen, denn sie wissen nicht, was sie tun! Sie verteilten aber seine Kleider unter sich und warfen Lose darüber.

Lukas 23,42-43

Und er sprach zu Jesus: Gedenke meiner, Herr, wenn du in deinem Reich kommst! Und er sprach zu ihm: Wahrlich, ich sage dir: Heute wirst du mit mir im Paradies sein.

Lukas 13,34

Jerusalem, Jerusalem, die da tötet die Propheten und steinigt, die zu ihr gesandt sind! Wie oft habe ich deine Kinder versammeln wollen wie eine Henne ihre Brut unter ihre Flügel, und ihr habt nicht gewollt!

Matthäus 27,62-66

Am folgenden Tag aber, der nach dem Rüsttag ist, versammelten sich die Hohenpriester und die Pharisäer bei Pilatus und sprachen: Herr, wir haben uns erinnert, dass jener Verführer sagte, als er noch lebte: Nach drei Tagen stehe ich wieder auf. So befiehl nun, dass das Grab gesichert werde bis zum dritten Tag, damit nicht etwa seine Jünger kommen, ihn stehlen und dem Volk sagen: Er ist von den Toten auferstanden; und die letzte Verführung wird schlimmer sein als die erste. Pilatus sprach zu ihnen: Ihr habt eine Wache; geht hin, sichert es, so gut ihr könnt. Sie aber gingen hin, und nachdem sie den Stein versiegelt hatten, sicherten sie das Grab mit der Wache.

Lukas 24,36-43

Während sie aber dies redeten, trat er selbst in ihre Mitte und spricht zu ihnen: Friede euch! Sie aber erschraken und wurden von Furcht erfüllt und meinten, sie sähen einen Geist. Und er sprach zu ihnen: Was seid ihr bestürzt, und warum steigen Gedanken auf in eurem Herzen? Seht meine Hände und meine Füße, dass ich es selbst bin; betastet mich und seht, denn ein Geist hat nicht Fleisch und Gebein, wie ihr seht, dass ich habe. Und als er dies gesagt hatte, zeigte er ihnen die Hände und die Füße. Als sie aber noch nicht glaubten vor Freude und sich verwunderten, sprach er zu ihnen: Habt ihr hier etwas zu essen? Sie aber reichten ihm ein Stück gebratenen Fisch und von einer Honigscheibe; und er nahm es und aß vor ihnen.

2. Korinther 5,20

So sind wir nun Gesandte für Christus, als ob Gott durch uns ermahnte; wir bitten an Christi statt: Lasst euch versöhnen mit Gott!

Apostelgeschichte 7,55-58

Als er aber, voll Heiligen Geistes, unverwandt zum Himmel schaute, sah er die Herrlichkeit Gottes, und Jesus zur Rechten Gottes stehen; und er sprach: Siehe, ich sehe die Himmel geöffnet und den Sohn des Menschen zur Rechten Gottes stehen! Sie schrien aber mit lauter Stimme, hielten sich die Ohren zu und stürzten einmütig auf ihn los. Und als sie ihn aus der Stadt hinausgestoßen hatten, steinigten sie ihn.

Kapitel XI

Matthäus 1,21

Sie wird aber einen Sohn gebären, und du sollst seinen Namen Jesus nennen; denn er wird sein Volk erretten von ihren Sünden.

Matthäus 22,37-40

Er aber sprach zu ihm: »Du sollst den Herrn, deinen Gott, lieben mit deinem ganzen Herzen und mit deiner ganzen Seele und mit deinem ganzen Verstand.« Dieses ist das große und erste Gebot. Das zweite aber, ihm gleiche, ist: »Du sollst deinen Nächsten lieben wie dich selbst.«

Matthäus 24,12

Und weil die Gesetzlosigkeit überhandnimmt, wird die Liebe der Vielen erkalten.

Jakobus 4,17

Wer nun weiß, Gutes zu tun, und tut es nicht, dem ist es Sünde.

Römer 3,12

Alle sind abgewichen, sie sind allesamt untauglich geworden; da ist keiner, der Gutes tut, da ist auch nicht einer.

Jakobus 2,10 (Menge 2020)

Denn wer das ganze Gesetz hält, aber gegen ein einziges Gebot verstößt, der hat sich damit gegen das ganze Gesetz vergangen.

Römer 6,23 (Schlachter 2000)

Denn der Lohn der Sünde ist der Tod; aber die Gnadengabe Gottes ist das ewige Leben in Christus Jesus, unserem Herrn.

Matthäus 13,49-50

So wird es in der Vollendung des Zeitalters sein: Die Engel werden ausgehen und die Bösen aus der Mitte der Gerechten aussondern und sie in den Feuerofen werfen: Dort wird das Weinen und das Zähne-knirschen sein.

Johannes 3,16
Denn so hat Gott die Welt geliebt, dass er seinen ein-geborenen Sohn gab, damit jeder, der an ihn glaubt, nicht verloren gehe, sondern ewiges Leben habe.

Sprüche 18,10
Der Name des HERRN ist ein starker Turm; der Gerechte läuft dahin und ist in Sicherheit.

Kapitel XII

Römer 6,23 (Schlachter 2000)
Denn der Lohn der Sünde ist der Tod; aber die Gnadengabe Gottes ist das ewige Leben in Christus Jesus, unserem Herrn.

1. Mose 2,16-17
Und Gott der HERR gebot dem Menschen und sprach: Von jedem Baum des Gartens darfst du nach Belieben essen; aber vom Baum der Erkenntnis des Guten und Bösen, davon sollst du nicht essen; denn an dem Tag, da du davon isst, musst du sterben.

Markus 10,45

Denn auch der Sohn des Menschen ist nicht gekommen, um bedient zu werden, sondern um zu dienen und sein Leben zu geben als Lösegeld für viele.

Markus 15,34

Und zur neunten Stunde schrie Jesus mit lauter Stimme: Eloi, Eloi, lama sabachtani?, was übersetzt ist: Mein Gott, mein Gott, warum hast du mich verlassen?

Johannes 19,30

Als nun Jesus den Essig genommen hatte, sprach er: Es ist vollbracht! Und er neigte das Haupt und übergab den Geist.

Johannes 3,16-18

Denn so hat Gott die Welt geliebt, dass er seinen eingeborenen Sohn gab, damit jeder, der an ihn glaubt, nicht verloren gehe, sondern ewiges Leben habe. Denn Gott hat seinen Sohn nicht in die Welt gesandt, damit er die Welt richte, sondern damit die Welt durch ihn errettet werde. Wer an ihn glaubt, wird nicht gerichtet; wer aber nicht glaubt, ist schon gerichtet, weil er nicht geglaubt hat an den Namen des eingeborenen Sohnes Gottes.

Johannes 14,6

Ich bin der Weg und die Wahrheit und das Leben. Niemand kommt zum Vater als nur durch mich.

Markus 13,31

Der Himmel und die Erde werden vergehen, meine Worte aber werden nicht vergehen.

Matthäus 7,13-14

Geht ein durch die enge Pforte; denn weit ist die Pforte und breit der Weg, der zum Verderben führt, und viele sind, die durch sie eingehen. Denn eng ist die Pforte und schmal der Weg, der zum Leben führt, und wenige sind, die ihn finden.

Kapitel XIII

Matthäus 22,1-10 (Schlachter 2000)

Da begann Jesus und redete wieder in Gleichnissen zu ihnen und sprach: Das Reich der Himmel gleicht einem König, der für seinen Sohn das Hochzeitsfest veranstaltete. Und er sandte seine Knechte aus, um die Geladenen zur Hochzeit zu rufen; aber sie wollten nicht kommen. Da sandte er nochmals andere Knechte und sprach: Sagt den Geladenen: Siehe, meine Mahlzeit habe ich bereitet; meine Ochsen und das Mastvieh sind geschlachtet, und alles ist bereit; kommt zur Hochzeit! Sie aber achteten nicht darauf, sondern gingen hin, der eine auf seinen Acker, der andere zu seinem Gewerbe; die Übrigen aber ergriffen seine Knechte, misshandelten und töteten sie. Als der König das hörte, wurde er zornig, sandte seine Heere aus und brachte diese Mörder um und zündete ihre Stadt an. Dann sprach er zu seinen Knechten: Die Hochzeit ist zwar bereit, aber die Geladenen waren nicht würdig. Darum geht hin an die Kreuzungen der Straßen und ladet zur Hochzeit ein, so viele ihr findet! Und jene Knechte gingen hinaus auf die Straßen und brachten alle zusammen, so viele sie fanden, Böse und Gute, und der Hochzeitssaal wurde voll von Gästen.

Matthäus 25,10-12

Als sie aber hingingen, um zu kaufen, kam der Bräutigam, und die, die bereit waren, gingen mit ihm ein zur Hochzeit; und die Tür wurde verschlossen. Später aber kommen auch die übrigen Jungfrauen und sagen: Herr, Herr, tu uns auf! Er aber antwortete und sprach: Wahrlich, ich sage euch, ich kenne euch nicht.

Hesekiel 33,11

Sprich zu ihnen: So wahr ich lebe, spricht der Herr, HERR, ich habe kein Gefallen am Tod des Gottlosen, sondern dass der Gottlose von seinem Weg umkehre und lebe! Kehrt um, kehrt um von euren bösen Wegen! Denn warum wollt ihr sterben, Haus Israel?

Micha 7,19

Er wird sich unser wieder erbarmen, wird unsere Ungerechtigkeiten niedertreten; und du wirst alle ihre Sünden in die Tiefen des Meeres werfen.

Hebräer 10,17

Ihrer Sünden und ihrer Gesetzlosigkeiten werde ich nie mehr gedenken.

Lukas 15,7

Ich sage euch: Ebenso wird Freude im Himmel sein über einen Sünder, der Buße tut, mehr als über neunundneunzig Gerechte, die die Buße nicht nötig haben.

Lukas 23,42-43

Und er sprach zu Jesus: Gedenke meiner, Herr, wenn du in deinem Reich kommst! Und er sprach zu ihm: Wahrlich, ich sage dir: Heute wirst du mit mir im Paradies sein.

1. Johannes 5,11-13

Und dies ist das Zeugnis: dass Gott uns ewiges Leben gegeben hat, und dieses Leben ist in seinem Sohn. Wer den Sohn hat, hat das Leben; wer den Sohn Gottes nicht hat, hat das Leben nicht. Dies habe ich euch geschrieben, damit ihr wisst, dass ihr ewiges Leben habt, die ihr glaubt an den Namen des Sohnes Gottes.

Epheser 2,8-9

Denn durch die Gnade seid ihr errettet, mittels des Glaubens; und das nicht aus euch, Gottes Gabe ist es; nicht aus Werken, damit niemand sich rühme.

Johannes 1,12

So viele ihn [Jesus] aber aufnahmen, denen gab er das Recht, Kinder Gottes zu werden, denen, die an seinen Namen glauben.

Johannes 3,16

Denn so hat Gott die Welt geliebt, dass er seinen eingeborenen Sohn gab, damit jeder, der an ihn glaubt, nicht verloren gehe, sondern ewiges Leben habe.

Römer 8,38-39

Denn ich bin überzeugt, dass weder Tod noch Leben, weder Engel noch Fürstentümer, weder Gegenwärtiges noch Zukünftiges noch Gewalten, weder Höhe noch Tiefe noch irgendein anderes Geschöpf uns zu scheiden vermögen wird von der Liebe Gottes, die in Christus Jesus ist, unserem Herrn.

Offenbarung 21,1-5

Und ich sah einen neuen Himmel und eine neue Erde; denn der erste Himmel und die erste Erde waren vergangen, und das Meer ist nicht mehr.

Und ich sah die heilige Stadt, das neue Jerusalem, aus dem Himmel herabkommen von Gott, bereitet wie eine für ihren Mann geschmückte Braut. Und ich hörte eine laute Stimme aus dem Thron sagen: Siehe, die Hütte Gottes bei den Menschen! Und er wird bei ihnen wohnen, und sie werden sein Volk sein, und Gott selbst wird bei ihnen sein, ihr Gott. Und er wird jede Träne von ihren Augen abwischen, und der Tod wird nicht mehr sein noch Trauer noch Geschrei noch Schmerz wird mehr sein; denn das Erste ist vergangen. Und der, der auf dem Thron saß, sprach: Siehe, ich mache alles neu.

Werner Gitt

Fragen, die immer wieder gestellt werden

192 Seiten, Paperback
ISBN 978-3-89397-127-5

Prof. Dr. Werner Gitt gibt Antworten, die aus Gesprächen mit fragenden Menschen und aus dem Studium der Schrift erwachsen sind. Die Fragen stellen sich Problemen, die Zweifler, Fragende und Suchende wirklich bewegen. Der Autor behandelt dabei folgende Themen: Gott – Bibel – Schöpfung, Wissenschaft und Glaube – das Heil – die Religionen – Leben und Glauben – Tod und Ewigkeit.

clv

Christoph Hochmuth

Senkrechtstart – Kurs auf Gott

128 Seiten, Paperback
ISBN 978-3-89397-985-1

Christoph Hochmuth behandelt zentrale Themen wie die Sehnsucht nach Erfüllung und das größte Defizit des Menschen. Er stellt dem Wesen des Menschen das Wesen Gottes gegenüber und zeigt auf, wie Jesus Christus auch nach 2000 Jahren eine höchst aktuelle Botschaft für uns hat. Auf Grundlage dieser Botschaft lädt er dazu ein, Kurs auf Gott zu nehmen.

clv

Du hast immer noch Einwände und Fragen?
Frag mich oder www.wersglaubt.at